Türkische Riviera

Hans E. Latzke

▶ Dieses Symbol im Buch verweist auf den großen Faltplan!

Merhaba – Willkommen

Mein heimliches Wahrzeichen	4
Erste Orientierung	6
Schlaglichter und Impressionen	8
Geschichte, Gegenwart, Zukunft	12
Übernachten	14
Essen und Trinken	16
Reiseinfos von A bis Z	18

Unterwegs an der Türkischen Riviera

Die Türkische Riviera 15 x direkt erleben

Fethiye und die lykische Küste — 30

Sarıgerme 30 Göcek 30
Fethiye 35 Ölüdeniz 40
Kalkan 44
Kaş 46

direkt 1 | **Am Caretta-Strand – Dalyan und Kaunos** — 31
Durchs Schilfdelta zum Strand der Caretta-Schildkröten

direkt 2 | **Zwölf Inseln – Bootstouren rund um Fethiye** — 38
Im weiten Golf von Fethiye kreuzen die Segler und Motorgulets zwischen unbewohnten Inseln und einsamen Buchten

direkt 3 | **Im Land der Lykier – Saklıkent und Xanthos** — 41
Eine spektakuläre Schlucht und geheimnisvolle Ruinenstädte

direkt 4 | **Das Haus vom Nikolaus – Myra und Andriake (Demre)** — 51
Im antiken Myra blieb neben großartigen lykischen Gräbern auch die Basilikakirche des hl. Nikolaus erhalten

Am Golf von Antalya — 54

Kemer 54
Antalya 60
Termessos 69
Belek 70

direkt 5 | **Wanderung durch den Göynük Canyon** — 58
Nasse Füße garantiert: Canyoning bei Kemer

| direkt 6 | **Osmanisches Flair – die Altstadt von Antalya** | 62 |

Römische Mauern, Bauten der Seldschuken-Sultane und wunderschöne Holzhäuser aus osmanischer Zeit

| direkt 7 | **Götter und Kaiser – das Antalya Museum** | 66 |

Eines der großartigsten Museen zur antiken Kunst

| direkt 8 | **Artemis vs. Paulus – die antike Stadt Perge** | 72 |

Eine Großstadt der Römerzeit, zum Schluss geht es zu einem grünen Park am Kurşunlu-Wasserfall

| direkt 9 | **Seldschukenbrücke und Römertheater – Aspendos** | 75 |

Wanderung am Fluss zum schönsten Theater, danach gibt's gegrillte Forelle mit Bauernsalat

| direkt 10 | **Durch den Köprülü-Kanyon-Nationalpark nach Selge** | 78 |

Einsame Natur, Rafting und antike Ruinen

Die Region Side und Alanya 80

Side 80   Kumköy und Çolaklı 87
Titreyengöl und Sorgun 87
İncekum 90   Alanya 92
Anamur 103

| direkt 11 | **Eine untergegangene Stadt – das antike Side** | 82 |

Vom Großen Tor bis zum Tempel des Lichtgottes Apollon

| direkt 12 | **Wasserfall und Kleinstadtmarkt – am Manavgat-Fluss** | 88 |

Markttreiben, Picknick am Fluss, Ruinenstadt im Wald

| direkt 13 | **Festung der Sultane – die Burg von Alanya** | 96 |

Die frühere Winterresidenz der Seldschuken-Sultane ist immer noch die eindrucksvollste Festungsanlage der Türkei

| direkt 14 | **Wasserspaß am Fluss – das Dimçayı-Tal** | 101 |

Hübsche Restaurants am, über und im Fluss

| direkt 15 | **Durch das raue Kilikien – Ausflug Richtung Anamur** | 104 |

An der Küste entlang durch das noch kaum besiedelte Taurus-Vorland mit Badestopp in Iotape

Ausflüge ins Inland 108

Sagalassos und Burdur 108
Mit Paulus nach Antiocheia 109
Pamukkale 110   Beyşehir 110
Konya 111   Kappadokien 112

Sprachführer	114
Kulinarisches Lexikon	116
Register	118
Autor, Abbildungsnachweis, Impressum	120

Merhaba – Willkommen
Mein heimliches Wahrzeichen

Stolz erhebt sich das markante Yivli Minare über den roten Schindeldächern der Altstadt von Antalya, im Hintergrund bildet die alpine Kette des Beydağları-Gebirges eine fantastische Kulisse. Das Ziegelsteinminarett ließ der mächtigste Sultan der Seldschuken erbauen, jener Dynastie, mit der die türkische Inbesitznahme Kleinasiens begann. Damit endete die Geschichte der griechisch-römischen Provinz Pamphylien, deren Ruinen noch heute die türkische Riviera mit ihren langen, sonnenverwöhnten Sandstränden prägen.

Erste Orientierung

Strände unterm Minarett
Die südliche Küste der Türkei zählt zu den touristisch interessantesten Regionen am Mittelmeer. Über viele Kilometer ziehen sich Sandstrände vor der grandiosen Bergkulisse des alpinen Taurusgebirges am Meer entlang. Die Küstenebene bei Antalya hieß in der Antike **Pamphylien**; mit Perge und Side lagen hier zwei berühmte Orte der klassischen Antike. Westlich schließt das antike **Lykien** an, östlich beginnt mit Alanya die Landschaft **Kilikien** – beide werden durch die steilen Bergflanken des Taurus-Gebirges geprägt.

Die Türkis-Küste bei Fethiye
Umgeben von einsamen Kiefernwäldern liegt die Urlaubsregion **Fethiye** (▶ E 7) an einem weiten Golf mit vielen Inselchen. Während das Städtchen selbst eher untouristisch und betriebsam blieb, konzentrieren sich die Hotels auf die Urbanisationen Çalış, Hisarönü und den berühmten Strand Ölüdeniz.

Westlich des Fethiye-Golfs folgt die kleine, aber feine Urlaubsregion **Sarıgerme** (▶ E 7), zu der auch der Köyceğiz-See mit dem berühmten ›Schildkrötenstrand‹ von Dalyan gehört.

Die lykische Küste
Im Osten von Fethiye stößt das Taurus-Gebirge hart an die Küste vor und fällt mit steilen Bergflanken ins Meer ab. In diesem teils bewaldeten, teils sehr unwirtlichen Bergland lebten einst die Lykier, von deren eigenständiger Kultur zahlreiche Grabbauten zeugen. **Kalkan** (▶ F 8) und **Kaş** (▶ F 8) sind zwei kleinere Urlaubsstädtchen, beliebt ist die Region bei Seglern und Tauchern.

Die Kemer-Küste
Lykien endet an der Westflanke des bis zu 3000 m hohen Beydağları-Gebirges. Auf der Ostseite erstreckt sich die Kemer-Küste, deren moderne Luxusanlagen deutlich mehr Touristen anziehen. Der große Yachthafen im modernen Städtchen **Kemer** (▶ H 7) bildet den Mittelpunkt einer langen Kette hochklassiger Hotelanlagen zwischen Çamyuva im Süden und Beldibi im Norden. Erstklassig ist auch sonst Trumpf: nirgendwo kann man so mondän shoppen und feiern wie in Kemer.

Antalya
Die Altstadt von **Antalya** (▶ H 6) ist wie ein romantisches Dorf inmitten einer modernen Großstadt. Fast 1 Mio. Einwohner – das bemerkt man kaum, wenn man in einem der wunderschönen alten Holzhäuser wohnt. Aber auch Luxushotels bietet Antalya: am **Konyaaltı-Strand** im Westen und in **Lara** im Osten. Berühmt sind die Themenhotels von **Kundu** noch weiter östlich: Weißes Haus, Kreml, Amsterdam …

Belek und Side
Belek (▶ J 6) mit seinen vielen Golfplätzen und noch mehr Luxushotels ist praktisch ein Prototyp des modernen Oberklassetourismus: Gepflegte Landschaft, ewig langer Strand, ruhige Lage. **Side** (▶ K 7), zugleich eine sehenswerte antike Stätte, gilt als das größte Tourismuszentrum der ganzen Türkei. Über 20 km ziehen sich die Hotels aller Kategorien am Sandstrand entlang; dazwischen immer wieder kleine Dorfzentren mit Restaurants, Kneipen und Souvenirshops.

Erste Orientierung

Alanya

Das betriebsame Städtchen **Alanya** (▶ L 7) duckt sich in den Schatten des mächtigen Burgberges mit der Seldschukenfestung. Es überwiegen Stadthotels der Mittelklasse auf eher kleinen Arealen; der Anteil deutscher Touristen ist überproportional hoch. Rund 10 000 Deutsche leben zudem permanent als Aussiedler in der Stadt.

Ins Inland

Bislang ist der Tourismus an der türkischen Südküste stark auf die Küstenorte bzw. Hotelsiedlungen beschränkt. Vor allem für Wanderer bietet man nun Möglichkeiten, das noch ganz traditionelle Hinterland kennenzulernen, etwa mit dem **Lykischen Weg** (Lycian Way, S. 45) oder dem **St. Paul Trail** (S. 110). Diese Wanderwege sind allerdings nicht einfach, auf Komfort muss man gut verzichten können.

Organisiert werden Ausflüge nach Konya (240 km) oder gar nach Kappadokien (470 km) angeboten, das lohnt aber nur bei mindestens 2 Tagen Fahrtdauer. Auf eigene Faust kann man aber mit dem Mietwagen unproblematisch ins Inland fahren, z. B. nach **Elmalı** (▶ G 7), nach **Eğirdir** (▶ J 4) an einem See, zu den Ausgrabungen von **Sagalassos** (▶ H 5) oder **Antiocheia ad Pisidiam** (▶ nördl. J 4) oder nach **Beyşehir** (▶ K 5). Dabei kommt man in eine Türkei, die noch sehr traditionell ist, wo Touristen eher selten auftauchen.

Mit dem Boot unterwegs

Eine große Rolle spielt an der Riviera, speziell im Westen Richtung Ägäis, der Tourismus auf dem Meer. Vor allem Fethiye ist das Zentrum der sog. **Blauen Reisen** mit dem Motorsegler. Mit dem Boot jeden Tag zu einer anderen Bucht – so kann man die schönste Küste der Türkei, die wegen ihrer in allen Blautönen schimmernden Buchten auch Türkisküste genannt wird, am besten entdecken.

Die langen Dünenstrände, hier bei Patara, sind auch ein Paradies für Reiter

Schlaglichter und Impressionen

Ein subtropisches Paradies
Das Klima der Südküste ist deutlich wärmer als das der Ägäis oder des nördlichen Mittelmeers. So kann das Thermometer im Sommer auf 40 °C klettern. In der Region Antalya beginnt die Badesaison bereits früh im Mai und geht bis Ende Oktober. Auch im Winter herrschen an der durch das Taurus-Gebirge von den Frösten des anatolischen Hochlands abgeschirmten Südküste angenehme Temperaturen bis 20 °C und sonniges Wetter, das nur hin und wieder durch Regen unterbrochen wird.

Der gesamte Küstenstreifen liegt schon im subtropischen Klimagürtel. Man merkt es rasch an dem, was am Straßenrand gedeiht: Baumwolle, Tabak, Melonen, Zitrusfrüchte und (bei Alanya) sogar Bananen. Palmen, Zypressen, Kiefernwälder und endlose Ölbaumhaine geben dem Land den Reiz des Südens – den erst der zu schätzen weiß, der einmal ins steppenhafte Landesinnere aufbricht. Kamele sind die spektakulärsten Tiere, Schafe und Ziegen die häufigsten.

Als Naturparks werden die Bergwälder im Beydağları-Gebirge bei Kemer, am Güllü Dağı nördlich von Antalya oder am Köprülü-Fluss nördlich von Side geschützt. Daneben gibt es Versuche, den Meeresschildkröten bei Dalyan, Patara oder Anamur ihre Lebensräume zu erhalten. Dabei werden auch außergewöhnliche Wege beschritten, in Sarıgerme z. B. sind die Luxushotels auf den Caretta-Schutz geschult worden.

In den Küstenebenen haben jedoch in der Regel Tourismus, Industrie und Siedlungsbau fast selbstverständlich Vorrang vor dem Schutz der Naturlandschaften. Bei Silifke, 250 km östlich von Alanya, plant die Regierung Erdoğan sogar ein Atomkraftwerk, pikanterweise mitten im Erdbebengebiet.

Städte und Hotels
Die Urbanisierungsprozesse mit zunehmender Bebauung städtischer Randgebiete sind an der Mittelmeerküste zwischen Antalya und Alanya besonders ausgeprägt. Diese Regionen verzeichnen im Vergleich das höchste Bevölkerungswachstum der Türkei: Orte wie Alanya, Manavgat oder Serik haben ihre Einwohnerzahl seit 1990 gut vervierfacht, Antalya wuchs von 70 000 Menschen um 1970 sogar auf rund 1,05 Mio. aktuell.

So muss man wohl oder übel akzeptieren: Idylle pur ist auch in der Türkei längst Vergangenheit. Licht und Schatten liegen im ›Boomland‹ des Küstentourismus eng beieinander. Einsame Kiefernhänge wurden (wie bei Kalkan oder Avsallar) mit Ferienvillen zugepflastert, in idyllischen Buchten (wie bei Ölüdeniz oder an der Kemer-Küste) schossen Urlaubsstädte mit pulsierendem Nachtleben aus dem Boden, in denen eine kosmopolitische Szene den drei großen S – Sonne, Saufen, Sex – frönt. Dazu kommt inzwischen auch ein bedeutender Tourismus der türkischen Oberschicht, die den Yachthafen Göcek zu einem kleinen St. Tropez gemacht hat und gern den Sommer in der Villa in Kalkan verbringt.

Ein Land – zwei Welten
Für die anatolischen Bauern, und deren ›Reich‹ beginnt schon wenige Kilometer vor den Küstenstädten, ist diese Welt so

Schlaglichter und Impressionen

weit entfernt wie Europa – und unerschwinglich dazu. Doch überall fließen diese beiden Welten fast übergangslos ineinander. Der, der nicht nur zwischen Pool und Disco pendelt, muss sich also auf ein Wechselbad zwischen den Kulturen einstellen. Nur wenige Kilometer von den glitzernden Hotelpalästen entfernt kommt man in Dörfer, wo die Frauen wie seit Jahrtausenden den Tag bei harter Feldarbeit verbringen, wo die Teehäuser noch eine reine Männerdomäne sind. Aber nur dort wird man die berühmte herzliche Gastfreundschaft als echte Tradition erleben können – soweit man nicht in Shorts und Trägerhemdchen daherkommt und sich auch sonst zu benehmen weiß.

Die Pracht der Antike

Die bedeutendsten Sehenswürdigkeiten sind keine türkischen, sondern griechische bzw. römische. Kein anderes Land am Mittelmeer kann einen solchen Reichtum antiker Stätten vorweisen – ganze Großstädte wie Perge, die romantisch in Ruinen liegen. Betrachtet man die Karte, stellt man erstaunt fest, dass es tatsächlich mehr antike als größere moderne Städte gibt. Die Türkei ist als eine doppelte Kulturlandschaft daher treffend beschrieben: eine abendländisch-antike unter einer türkisch-modernen, und allzuoft vermischen sie sich sogar wie etwa in Selge im Köprülü-Nationalpark. Hier ist nicht ein ehrfurchtsvoller ›Trümmertourismus‹ am

In den Bauerndörfern bleibt noch viel Zeit für das beliebte Okey-Spiel

Schlaglichter und Impressionen

interessantesten, sondern die überaus reizvolle Kombination von Landschaft, uralten Monumentalbauten und kleinen Bauernkaten, die sich zwischen den Ruinen eingenistet haben.

Islam in der Türkei

In der Statistik werden über 99 % der türkischen Staatsbürger als Muslime gerechnet, doch gibt es auch in der Türkei Gläubige und solche, die weniger gläubig sind. Tayyıp Erdoğan, der jetzige, steht für einen politischen Islam mit konservativen Zügen – und wurde 2014 von über 50% der Bevölkerung zum Staatspräsidenten gewählt. Atatürk, das nationale Vorbild, war hingegen bekennender Atheist. Er setzte durch, dass Religion in der Türkei dem Gesetz nach Privatsache ist.

Der Islam bestimmt dennoch zunehmend das öffentliche Leben und den Alltag der Menschen. Am Freitagmittag, wenn die Muslime zum wichtigsten Gebet der Woche gerufen werden, platzen die Moscheen *(cami,* sprich dschami) aus allen Nähten – viele beten dann einfach auf den umliegenden Straßen mit. Fünfmal täglich ruft der *müezzin* die Gläubigen zum Gebet, sobald sein Gesang, das *ezan*, ertönt, wird in vielen Restaurants die Musik ausgestellt. Während des Ramadan, im Fastenmonat, haben im Inland viele Lokale tagsüber ganz geschlossen – an der touristischen Küste ist das aber unüblich.

Die Moscheen, historische ebenso wie Neubauten, können auch Nicht-Muslime betreten, müssen allerdings wie die Gläubigen die Schuhe ausziehen. Frauen müssen die Haare, Arme und Beine bedecken. Vermeiden sollte man auf jeden Fall die Gebetszeiten fünfmal am Tag, auch gilt es als sehr unhöflich, Betende zu fotografieren.

Souvenirs

Die Produkte des osmanisch inspirierten Kunsthandwerks sind zahlreich und mitunter auch qualitätvoll: Dazu zählen

Daten und Fakten

Lage: Die türkische Rivieraküste erstreckt sich in etwa entlang dem 36. Breitengrad, was der Höhe von Tunis entspricht.
Zeit: Die Türkei gehört zur Osteuropäischen Zeitzone. Man stellt die Uhr ganzjährig eine Stunde vor, auch in der Sommerzeit.
Größe: Von Fethiye im Westen bis Alanya im Osten fährt man etwa 340 km (ca. 6 Stunden), bis Adana 760 km (ca. 12 Stunden).
Fläche und Einwohner: Die Südküstenprovinz Antalya und der Landkreis Fethiye aus der Provinz Muğla nehmen eine Fläche von 23 678 km^2 ein und haben etwa 2,5 Mio. Einwohner.
Flüsse: Lange Flüsse gibt es nicht, da das Taurus-Gebirge eine Wasserscheide bildet. Der Düden bei Antalya, der Köprülü bei Belek und der Manavgat bei Side sind die größten Flüsse.
Höchste Berge: Der höchste Berg ist der Kizlarsivrisi bei Kemer mit einem Gipfel von 3086 m, durchschnittlich liegen die Taurus-Gipfel um 2000 m.
Älteste Städte: Antalya, die größte Stadt, hieß unter griechischer Ägide Attaleia und besteht seit 158 v. Chr. Fethiye (Telmessos), Side und Alanya (Korakesion) wurden bereits vor 4000 Jahren gegründet.

Schlaglichter und Impressionen

Messing- und Kupferwaren (Tabletts, Kannen), mit islamischen oder historischen Motiven bemalte Keramik, Vasen und andere Gegenstände aus geschnittenem Onyx oder Alabaster, Pfeifen aus Meerschaum und Teppiche und Kelims.

Aber Vorsicht, nicht alles, was als alt angepriesen wird, ist es tatsächlich! Achtung: Die Ausfuhr von Antiquitäten (vor 1918, selbst antike Steine oder Fossilien) ist streng verboten und wird mit Gefängnis bestraft!

Ein bedeutender Geschäftszweig ist der Verkauf von Gold- und Silberschmuck, der in der Türkei als krisenfeste Geldanlage gilt. Die Stücke werden stets nur nach Gewicht berechnet. Gold wird in der Türkei nur in Qualitäten ab 585 Karat gehandelt.

Auf Märkten kann man z. B. Strickwaren mit Nomadenmustern sowie Gewürze, Honig und Konfitüren erwerben.

Urlaubsliebe

In den Touristenorten und den Großhotels haben sich viele Kellner auf eine besonders charmante Behandlung weiblicher Gäste spezialisiert – und das mit großem Erfolg. Als ein britisches Boulevardblatt letztens das Foto eines 16-Jährigen abdruckte, meldeten sich über 30 Mädchen, die angeblich mit ihm im Bett waren. Meist versuchen die ›Aufreißer‹ mit Charme und Witz, aber dennoch hartnäckig ihr Glück. Es hat wenig Sinn, wütend zu werden, allerdings wird jedes Lächeln als Einladung verstanden.

Wichtige Sätze: Woher kommst Du – *nereden geliyorsun* (närärdän geljorssun); Du siehst toll aus – *çok şıksın* (tschok scheksssen); Bist du verheiratet – *evli misin* (ävli missin); Lass mich in Ruhe – *beni rahat bırakın* (bäni rahat beraken); Verschwinde – *defol!*

Überall präsent: die türkische Flagge

Traditionell sind in der Türkei Männer- und Frauenwelt strikt getrennt. Den Frauen gehört das Haus, den Männern gehören die Straßen und die Teehäuser – für Familien oder Paare gibt es die *aile salonu*, von den Männertreffs abgesonderte Bereiche. In den touristischen Zentren spielt das heute so gut wie keine Rolle mehr, wohl aber auf dem Land. Im Inland sollten Männer daher stets Männer um Auskunft und Hilfestellung bitten, Frauen wenden sich besser an türkische Frauen.

Waldschutz

Ausgedehnte Wälder ziehen sich über die gesamten Südhänge des Taurus-Gebirges. Da durch die globale Erwärmung die Waldbrandgefahr steigt, ist hier wie überall am Mittelmeer besondere Vorsicht geboten. Ein eigenes Ministerium für Umwelt und Wälder investiert Millionen in Aufklärungskampagnen und Waldbrandschutz.

Ob beim Picknick, beim Autofahren oder beim Besuch archäologischer Stätten, folgende Grundregeln sollten Sie beachten: Keine Glas- oder Plastikflaschen liegen lassen, denn sie wirken wie Brennspiegel, keine brennenden Zigaretten wegwerfen! Offene Feuer sind streng verboten, die Verbotsschilder sind auch ohne Sprachkenntnis unproblematisch zu verstehen. Im Brandfall kann man vom Handy die Notrufnummer 112 anrufen!

Geschichte, Gegenwart, Zukunft

Frühgeschichte und Antike
Für die Altsteinzeit sind in Kleinasien Jägerkulturen nachgewiesen; ein wichtiger Fundort ist die Karain-Höhle bei Antalya. Schon im 7. Jt. v. Chr. entstehen städtische Siedlungen. Um 2300 wird die altanatolische Kultur der Hatti von den Hethitern überlagert.

In der Bronzezeit beherrscht das Großreich der Hethiter ab 1600 v. Chr. Ost- und Mittelanatolien, an der Ägäis wird Troia ein bedeutender Handelsplatz. Ab 1100 v. Chr. besiedeln Griechen die Küsten Kleinasiens.

Phryger und dann die Lyder beherrschen von 1000 bis ins 4. Jh. v. Chr. das Hinterland, die Griechenstädte an der Küste erleben eine Blütezeit. 546 besiegen die Perser den wegen seines sagenhaften Reichtums berühmten Lyder-König Krösus und erobern das westliche Kleinasien. Ein Aufstand der Griechen unter Führung der ionischen Stadt Milet wird 499 v. Chr. niedergeschlagen.

Der makedonische König Alexander der Große erobert ab 334 v. Chr. Kleinasien und das persische Reich. Nach seinem Tod 323 kämpfen makedonische Feldherrn, die Diadochen, um die Nachfolge; in Kleinasien geht daraus das Reich von Pergamon als mächtigste Herrschaft hervor. 197 erobert der Seleukidenkönig Antiochos III. die Südküste. Durch Eingreifen der Römer fällt die Region Pamphylien aber an Pergamon; König Attalos II. gründet 158 v. Chr. Antalya. Die lykischen Städte schließen sich 167 zu einem unabhängigen Bund zusammen. 46 n. Chr. beginnt die christliche Mission; im 3. Jh. ist Westkleinasien das geistige Zentrum des Christentums.

Byzantinisches und Osmanisches Reich
333 verlegt Kaiser Konstantin die Hauptstadt nach Byzanz (›Konstantinopel‹, heute Istanbul). Das Christentum wird Staatsreligion, Kleinasien bis ins 10. Jh. Kernland des oströmischen (›byzantinischen‹) Reichs.

Ab dem 11. Jh. entsteht in Inneranatolien das Seldschuken-Reich, an den Küsten werden kleinere Emirate gegründet, z. B. bei Antalya das der Tekkeoğulları. Zur Zeit der Kreuzzüge (1096–1204) setzen sich Genuesen und Venezianer an befestigten Küstenhäfen fest. Ab 1309 erobert der Kreuzritterorden der Johanniter Rhodos und baut Burgen an der Südküste. In Kilikien entsteht das Königreich Kleinarmenien unter der Lehnsherrschaft des deutschen Kaisers.

Die Osmanen steigen durch die Eroberung der byzantinischen Stadt Brussa (Bursa) 1326 zur Regionalmacht auf. 1453 erobert Sultan Mehmet II. Konstantinopel und besiegelt so das Ende des byzantinischen Reichs. Vor allem die Küstenstädte bleiben aber mehrheitlich griechisch bevölkert. Die Vernichtung der Osmanenflotte durch eine europäische Flotte bei Çeşme (1770) leitet den Niedergang des Reichs ein. 1821–1830 erkämpfen die Griechen der Peloponnes, Attikas und Epirus die Unabhängigkeit vom Osmanischen Reich, bis 1913 folgen die Völker Nordafrikas und des Balkans.

Türkische Republik
1923 endet der Versuch Griechenlands, die Westtürkei zu erobern, mit einem Fiasko: Alle 1,5 Mio. Griechen müssen

Geschichte, Gegenwart, Zukunft

das Land verlassen. Mustafa Kemal, der sich später Atatürk nennt, gründet die Türkische Republik und beginnt seine Reformpolitik zur Verwestlichung des Landes. Er stirbt 1938, doch endet die Einparteienherrschaft seiner Republikanischen Volkspartei (CHP) erst 1950 mit dem Wahlsieg der Konservativen.

Wirtschaftliche Probleme und politische Konflikte beantwortet das Militär dreimal (1960, '71, '80) mit einem Staatsstreich. Dabei sorgt die Armee jedesmal dafür, dass die laizistische Verfassung und die Westorientierung des Landes bewahrt bleiben.

Turgut Özal (AnaP) leitet ab 1983 umfassende liberale Wirtschaftsreformen ein. Damit beginnt auch der touristische Ausbau der Küsten im Süden. Dies bringt dem Land zwar eine enorme Modernisierung, doch Wohlstand nur für die kleine Geldelite. Parallel dazu verliert die Türkische Lira dramatisch an Wert (durchschnittlich 100 % im Jahr). Ab 1995 feiern die Islamisten Wahlsiege und kommen in die Regierung, müssen 1997 aber auf Druck der Militärs zurücktreten.

Im 21. Jahrhundert

Nach einer dramatischen Inflationskrise gewinnt die islamistische AK-Partei 2001 die absolute Mehrheit, ihr Führer Erdoğan wird Ministerpräsident. Die AKP betreibt die Annäherung an die Europäische Union, andererseits aber auch die Islamisierung der Türkei.

Nach der Finanzkrise 2008 vertieft Erdoğan die Beziehungen zum Iran und mit Russland und kann enorme ökonomische Erfolge verbuchen. Ende 2010 bringt die AKP eine Verfassungsänderung durch, die quasi die Entmachtung der republikanischen Staatselite bedeutet. Die Wahlen 2011 bestätigen die Regierung Erdoğan zwar, sein autoritärer Politikstil und rigide Antialkoholgesetze entzünden im Sommer 2013 einen Aufstand der Jugend, der brutal erstickt wird. 2014 wird Erdoğan zum Staatspräsidenten gewählt, doch verliert die AKP 2015 ihre Parlamentsmehrheit, weil links-liberale Wähler die kurdische HDP über die 10-Prozent-Hürde bringen. Durch die Ausreisegewährung für syrische Flüchtlinge setzt Erdoğan die EU massiv unter Druck.

Der Apollon-Tempel von Side zählt zu den schönsten der Türkei

Übernachten

In der Türkei besteht ein gewaltiges Angebot an Hotels jeglicher Kategorie, und es wird immer noch weiter gebaut. In allen Orten an der Küste stehen heute luxuriöse Neubauten direkt neben Baustellen und zahllosen Altbauten. Die nobelsten Anlagen liegen dabei recht weit außerhalb der gewachsenen Ortszentren. Wer dort einbucht, bekommt vom landestypischen Ambiente meist nur noch wenig mit. Aber wer ein wenig vom Land erleben will, hat eine große Auswahl an Hotels in oder nahe den Zentren – vielleicht nicht ganz so luxuriös, doch mitten im Leben.

Gute Standorte für Familien sind die Kemer-Küste, die Luxus-Hotels am Kundu-Strand, Side und İncekum. Für sportliche Naturen bietet die Region Fethiye das breiteste Angebot; Antalya ist ein gutes Standquartier für Tagesfahrten zu den großen antiken Stätten. Die heißeste Clubszene ist in Kemer und Alanya zu finden.

Als ein Reiseziel auch nur für ein verlängertes Wochenende bietet Antalya eine breite Palette türkischer Entdeckungen: luxuriöse Romantikhotels, moderne Shoppingmeilen, ein sehenswertes Museum und nette Bars.

Hotel-Check: Wer wissen will, wie sein Hotel wirklich ist, kann in verschiedenen Foren im Internet fündig werden. Nicht nur Klagen über schlechtes Essen und gepanschte Alkoholika, sondern auch Lob und ausführliche Beschreibung kann man z. B nachlesen bei www.hotelbewertung.de oder www.holidaycheck.de.

Hotels und Pensionen

Die **Hotels** (trk. *otel*) sind nach Sternen klassifiziert. Ab drei Sternen gehört ein Pool zum Standard, das Frühstück gibt es als Buffet, die Sprache der Gäste spricht man mehr oder weniger perfekt. Fünf-Sterne-Anlagen werden wie Clubhotels geführt, die Häuser unter drei Sternen entsprechen den Pensionen.

In allen Feriestädtchen an der Küste gibt es viele ansprechende **Pensionen** (trk. *pansiyon*), die meist eine nette familiäre Atmosphäre bieten und oft sogar einen Pool besitzen. Wichtig jedoch: Immer erst das Zimmer prüfen, bevor man einbucht (Betten, Dusche, WC-Spülung!). Fast immer ist das Frühstück im Zimmerpreis eingeschlossen. Für Mückenschutz (Fensternetze) ist aber nur selten gesorgt; chemische Mittel oder besser ein Moskitonetz können sich in den Monaten Juni bis September als nützlich erweisen. Vorbuchen kann man diese Unterkünfte einfach und zuverlässig über www.booking.com.

Vor allem die Zahl der auf riesigen Flächen angelegten **Club-Hotels** ist enorm angestiegen. Die meisten bieten neben der Rundum-Animation auch All-inclusive-Preise: Man bekommt ein Plastikarmband und kann die gesamte Verpflegung ohne weitere Zahlung erhalten (was aber ständiges Schlangestehen bedeutet). Wer hauptsächlich Erholung und Sonne sucht, ist hier richtig, vom Land bekommt man allerdings wenig mit. Wer in der Türkei will, sollte auch mal den Ausgang suchen. Das gilt übrigens besonders für Freunde guten Essens, denn die Großküchenverpflegung ist nicht selten eine Zumutung.

Übernachten

Apartments und Studios

In allen Ferienorten vermieten Privatleute in kleineren Bauten auch Apartments: meist ein Schlafzimmer, ein Wohn-/Schlafzimmer mit einfacher Kücheneinrichtung und Dusche/WC. Die Preise in einfachen Anlagen sind vergleichbar mit denen einer Pension. Man bekommt zwar kein Frühstück, kann aber selbst kochen. Meist liegen die Häuser ruhig im Grünen, selten aber direkt am Strand.

Etwa alle drei Tage wird gereinigt. Mit größeren Nebenkosten ist nicht zu rechnen. Bettwäsche und Handtücher werden gestellt, eine Endreinigungsgebühr wird ebenfalls nicht verlangt.

Reservieren und Preise

Außer in der Hochsaison zu den türkischen Sommerferien von Mitte Juli bis Ende August bekommt man stets überall ein freies Zimmer. Will man aber sichergehen, in einem bestimmten Hotel unterzukommen, sollte man besser reservieren. Alle Hoteliers sprechen Englisch, viele auch Deutsch. Am Telefon melden sich Türken fast nie mit dem Namen, sondern sagen nur »Efendim« (Bitte?). Über zahlreiche touristische Internetseiten kann man direkt buchen (meist Ober- und Mittelklassehotels); viele Privathotels haben eigene Websites oder sind bei www.booking.com zu finden. Das ist aber nicht immer wirklich günstig, denn vor Ort kann man meist um den Preis handeln.

In der Türkei sind die Preise wegen der Inflation oft in Euro angegeben. Luxushotels haben erheblich über dem Pauschalbuchungspreis liegende Straßenpreise (DZ/F ab 150 €); kleine Pensionen oder Apartments sind für umgerechnet 30–65 € zu bekommen. Aber allein saisonabhängig schwanken die Preise um bis zu 40 %. Der Standardpreis gilt bei Zweierbelegung, Singles erhalten einen geringen Abschlag (um 20 %), für ein Zustellbett zahlt man etwa 30 % mehr. Für Kleinkinder wird meist nichts berechnet.

Traumziel für Wasserratten: Hotelpool mit Rutsche direkt am Strand

Essen und Trinken

Die türkische Küche

Die türkische Küche ist berühmt für die Kombination vieler Einflüsse aus den verschiedenen Nationalküchen der Völker im einstigen Osmanischen Reich: von griechischen bis arabischen, von bulgarischen bis kaukasischen. Es gibt eine große Auswahl an ›**Vorspeisen**‹ (trk. *mezeler),* womit in etwa das gemeint ist, was der Spanier *tapas* nennt: Appetithäppchen, die man auch gern zum Alkohol genießt. Sie reichen von den unterschiedlichsten Salaten über Gemüsepasten und kalten oder warmen Schmorgemüsen bis hin zu eingelegtem Oktopus oder gebratener Leber. In vielen Restaurants kann man sich am Buffet bedienen.

Bei den **Hauptgerichten** dominieren einerseits Grillgerichte vom Huhn, Lamm oder Rind, an den Küsten natürlich auch viel Fisch und Meeresfrüchte (s. Kasten). Schweinefleisch gibt es hingegen nicht, da vom Koran verboten.

Probieren sollte man vor allem die in der Regel durchweg köstlichen Schmorgerichte, die in einfachen Restaurants *(lokanta* genannt) in Warmhaltevitrinen angeboten werden. Touristenrestaurants bieten solche Gemüse-Fleischkombinationen ebenfalls an (unter dem engl. Namen *casserolle)* – diese sind aber in der Regel nicht lang genug geschmort.

Beliebt als **Nachspeise** ist Obst (z. B. *karpuz,* Wassermelone) und Speiseeis *(dondurma).* Aber auch eines der süßen Backwerke mundet köstlich zum Mokka, etwa *baklava* (Blätterteig mit Walnüssen und Pistazien).

Wo isst man was?

In allen Ferienorten hat man eine enorme Auswahl an Restaurants. Halbpension oder all-in lohnt da wirklich nicht. Mit ein wenig Mut kann der Urlaub ein kulinarisches Erlebnis werden.

Generell gilt: In bodenständigen Lokalen isst man günstiger, abwechslungsreicher – und keinesfalls schlechter. Sie heißen z. B. *pide salonu* (dort gibt es Teiggerichte), *köftecisi* (Hackfleischbällchen) oder *lokanta* (Grill- und Schmorgerichte). Meist sind sie an den Busbahnhöfen zu finden. Dort kann man häufig die vorgekochten Speisen an Warmhaltetruhen aussuchen und isst üppig für gut 7 €.

Im feineren *restoran* ist das Preisniveau deutlich höher, zumal, wenn es sich um eines mit europäischer oder

Fisch ist ein teures Vergnügen!

Frischer Fisch aus dem Mittelmeer ist im Prinzip recht teuer – in den Touristenzentren oft sogar geradezu unverschämt teuer – auch wenn er ganz oft aus Zuchtfarmen stammt. In gewissen Toplokalen, etwa in Side, zahlt man für eine ›Fischplatte‹ leicht 75 € und mehr. Daher empfiehlt es sich dringend, beim Auswiegen dabei zu sein und vorher nach dem Preis zu fragen.

Essen und Trinken

In Antalya wird der Döner noch vor Holzkohlefeuer gebruzzelt

asiatischer Küche handelt. In Spitzenlagen bezahlt man sogar mehr als zu Hause – ohne die gewohnte Qualität zu bekommen. Meist wird das Angebot an der Kühlhaltetruhe in der jeweiligen Heimatsprache der Gäste erläutert.

Getränke

Tee (trk. *çay)* ist das Nationalgetränk und zugleich auch ein Symbol für Gastfreundschaft. Schwarztee wird als starker Sud gebraut und dann verdünnt in kleinen Gläschen serviert; in den Teegärten (trk. *çay bahçesi)* kann man auch einen Samowar (trk. *semaver)* bestellen und die Prozedur selbst in die Hand nehmen. Der türkische **Mokka** (trk. *kahve)* ist meist nur in besseren Restaurants zu bekommen. Er wird vorgesüßt und mit Satz serviert.

Der türkische **Wein** (trk. *şarap*, weiß: *beyaz*, rot: *kırmızı)* ist nicht unbedingt schlechter als Importware. Das bekannteste Erzeugergebiet ist die Region Nordägäis, dessen Trauben unter dem Label Çanakkale vermarktet werden. Allerdings kommt Rotwein meist viel zu warm auf den Tisch, Weißwein wird hingegen eiskalt serviert.

> ›Zahlen, bitte‹ heißt auf Türkisch ›Hesap lütfen!‹ Üblicherweise zahlt man in der Türkei nicht getrennt, sondern legt zusammen. Ein Trinkgeld ist gern gesehen, zu geringe Beträge wirken aber oft beleidigend: Viel oder gar nichts ist hier die Regel.

Bier (trk. *bira)* ist in der Türkei beliebter als Wein, allerdings ist es aufgrund der neuen Antialkoholgesetze nicht mehr überall zu bekommen. Es gibt viele Importbiere auch aus Deutschland, doch das Inlandprodukt **Efes** lässt sich gut trinken. Ein typisches Getränk der traditionellen Küche ist **Ayran,** verdünnter, gesalzener Jogurt.

Neben Çay und Ayran ist der **Rakı** das dritte typische Getränk der Türkei. Es handelt sich um einen Anissschnaps wie Ouzo; traditionell wird er ungekühlt und mit Wasser verdünnt getrunken. Dadurch färbt er sich milchig, weshalb man ihn auch *aslan sütüsü*, ›Löwenmilch‹, nennt. In der Tat: das Gebräu kommt auf Samtpfoten daher und wirft schließlich den stärksten Löwen um. Übrigens: ›Prost‹ heißt auf Türkisch *şerefe* (sprich schäräfä)!

Reiseinfos von A bis Z

Alkohol

Durch die Antialkoholgesetze von 2013 hat sich einiges verändert. Wein, Raki und Bier sind teurer geworden, Werbung für alkoholische Getränke ist verboten. Die meisten nicht-touristischen Lokale haben keinen mehr im Angebot, selbst moderne Jugendbars haben sich als Alternative auf Kaffee und Wasserpfeife spezialisiert.

Anreise

Mit dem Flugzeug

Von zahlreichen Flughäfen im deutschsprachigen Raum werden die Flughäfen Dalaman, Antalya und Gazipaşa direkt angeflogen. Die besten Verbindungen nach Antalya bietet die Lufthansa-Tochter Sunexpress (www.sunexpress.com). Mietwagenagenturen (24 Std. geöffnet) und Bankautomaten gibt es an allen Flughäfen. Die Wechselschalter in der Ankunfthalle haben ungünstige Kurse.

Flughafen Dalaman (DLM): ca. 7 km südlich der Stadt (www.dalaman.dhmi.gov.tr). Taxis fahren zu den Urlaubsorten zu festen Tarifen (ausgeschildert). Havaş-Shuttlebusse starten vor dem Domestic-Terminal; ab Dalaman (per Taxi ca. 20 TL/7€) Busse Richtung Fethiye oder Marmaris.

Flughafen Antalya (AYT): Etwa 15 km östlich (www.aytport.com). Mit dem Taxi ins Zentrum (ca. 60 TL/18 €). Mit rotem Stadtbus Nr. 600 zum Meydan mit der Endhaltestelle der Metro (günstigste Verbindung zum Busbahnhof Otogar); gegenüber der ersten Haltestelle an der Schnellstraße nach der Flughafenausfahrt halten Busse nach Side oder Alanya.

Flughafen Alanya-Gazipaşa (TAV): 41 km östlich von Alanya (www.gzpairport.com). Taxis fahren zu festen Tarifen (ausgeschildert, Alanya 40 €); Havaş-Shuttlebusse 5 x tgl. bis Alanya Otogar (Busbahnhof).

Mit dem Auto

Der Landweg über den Balkan ist nicht unbedingt zu empfehlen, die beste Strecke geht über die EU-Länder Ungarn, Rumänien, Bulgarien.

Eine Fährverbindung von Italien gibt es nicht mehr, alternativ kann man über Griechenland reisen (Italien–Igoumenitsa, Athen/Piräus–Chios, Chios–Çeşme). Autofahrer benötigen immer den Reisepass und die grüne Versicherungskarte, die für den asiatischen Teil der Türkei gültig geschrieben sein muss.

Einreisebestimmungen

Deutsche und Schweizer benötigen für eine Reise von bis zu drei Monaten nur den gültigen Personalausweis oder Reisepass (auch Kinder!), Österreicher müssen über www.evisa.gov.tr ein Visum kaufen.

Zollbestimmungen: Bei der Rückreise darf man pro Person über 17 Jahre u. a. 200 Zigaretten und 1 l Spirituosen über 22 % Alkohol steuerfrei ausführen. Die Einfuhr von Gebrauchsgütern ist bis zu einem Wert von 430 € steuerfrei. Achtung bei der Ausreise: Es gelten extrem harte Gesetze gegen Drogenschmuggel (keine Pakete von Urlaubsbekannten mitnehmen!) und gegen illegale Ausfuhr von ›Antiquitäten‹ jeglicher Art und sogar von fossilen Steinen.

Reiseinfos von A bis Z

Feste und Festivals

Feiertage

An staatlichen Feiertage geht man vormittags zur großen Parade der Schülergruppen, die sich am Atatürk-Denkmal ein Stelldichein geben, und lauscht den patriotischen Reden. Interessant ist der ›Kindertag‹ im April, wenn Tanzgruppen in alten Trachten auftreten.
1. Januar: Neujahr; nur in großen Städten wird Silvester gefeiert.
23. April: Tag der nationalen Souveränität und der Kinder.
19. Mai: Tag der Jugend und des Sports. Auftritte von Jugendgruppen und Sportvereinen.
30. August: Tag des Sieges (Zafer Bayramı). Aufmärsche und Militärparaden.
29. Oktober: Tag der Republik (Cumhuriyet Bayramı). Aufmärsche und Militärparaden.

Religiöse Feste

Die religiösen Feste werden nach dem islamischen Mondkalender festgelegt und verschieben sich daher jährlich um ca. zehn bis elf Tage nach vorn.
Ramadan: 2016 ab 6. 6., 2017 ab 27. 5. Im Fastenmonat (trk. *ramazan*) darf der Muslim bis Sonnenuntergang nicht essen, trinken oder rauchen und auch keinen Sex haben. In den Urlaubsorten spielt das keine große Rolle mehr, in anderen Orten sind dann die meisten Lokale tagsüber geschlossen und nach Sonnenuntergang völlig überfüllt.
Şeker Bayramı: 2016 ab 5. 7., 2017 ab 25. 6.: Mit dem ›Zuckerfest‹, das drei Tage dauert, feiert man das Ende des Fastenmonats. Die Kinder werden mit Süßigkeiten beschenkt, man kauft neue Kleider und schwelgt daheim in lukullischen Genüssen.
Kurban Bayramı: 2016 ab 12. 9., 2017 ab 1. 9. Das ›Opferfest‹ ist das höchste Fest und dauert fünf Tage. Es erinnert an das Opfer Abrahams, das den Muslimen als Symbol der Unterwerfung unter Gottes Willen heilig ist. Man schlachtet ein Tier, dessen Fleisch teilweise an die Armen, heute zumeist die betagteren Eltern, verschenkt wird.

Volksfeste und Festivals

Eine lebendige Festtradition ähnlich der in Italien oder Spanien wird man in der Türkei vergebens suchen. Anders als dem Katholizismus ist dem Islam die Verbindung von religiösem Anlass und öffentlicher Feier fremd. Zu privaten Feiern (Hochzeit, Beschneidung) spielten früher Wandermusiker auf, heute feiert, wer es sich leisten kann, in den Touristenhotels. Jedoch hat die Tourismuswirtschaft eine ganze Reihe von Festivals ins Leben gerufen, die mit Konzerten (Klassik, Pop) und verschiedensten Events kultureller und sportlicher Art für Stimmung sorgen sollen.

Geld

Landeswährung ist die **Türkische Lira** (Türk Lirası, TL, gespr. *tällä*, intern. TRY).

Festivals an der türkischen Riviera

Juni/Juli: Aspendos Festival. Konzerte, Oper, Ballett im antiken Theater.
Anfang September: Side Festival, Konzerte und Shows im antiken Theater.
Ende September: Filmfestival Altin Portakal in Antalya (Prämierung bis Mitte Okt. türkischer und auch deutsch-türkischer Filme).

Reiseinfos von A bis Z

Wechselkurs: 1 Euro = ca. 3,3 TL, 1 CHF ca. 3 TL (Stand Ende 2015). In touristischen Regionen sind das britische Pfund und der Euro als Zweitwährung verbreitet. Bei allen Banken gibt es ausreichend Geldautomaten für EC/Maestro-Karten. Da die Gebühren pro Transaktion berechnet werden, hebt man besser einmal viel Geld ab.

Achtung: ›Bankautomaten‹ bei privaten Wechselstuben sind sehr teuer: man zahlt bis zu 15 % Gebühr!

Gesundheit

Vorsorge
Schwere Sonnenbrände sind das häufigste Problem von Urlaubern, Cremes mit hohem Schutzfaktor daher dringend zu empfehlen. Um Durchfall zu vermeiden, sollte man nicht zu viel eiskalte Getränke trinken. Trotz des Chlors ist das Wasser in den Pools stark durch Keime belastet, für Kinder empfehlen Ärzte daher Ohrstöpsel, um Gehörgangsentzündungen zu vermeiden. Auch den Impfschutz (Tetanus, Diphterie etc.) sollte man beim Hausarzt prüfen lassen.

Ärztliche Versorgung
In den Städten ist die ärztliche Versorgung gut; die Ärzte sprechen Englisch. Achtung: Privatkliniken in den Feriengebieten sind teuer und behandeln oft mehr als notwendig! Besser wendet man sich an die preiswerten staatlichen Krankenhäuser. Die Behandlung muss bar bezahlt werden; die heimischen Krankenkassen erstatten die Kosten gegen Vorlage der Quittung in Höhe der kassenärztlichen Honorarsätze. Eine Auslandskrankenversicherung wird empfohlen als Schutz vor hohen Kosten bei Unfall, Heimtransport oder Tod.

Apotheken
Bei kleineren Malessen muss man nicht zum Arzt gehen, da hilft auch die Apotheke weiter *(eczane,* sprich ädsch'sanä). Die Apotheker übernehmen auch beratende Aufgaben, viele Medikamente erhält man rezeptfrei zu günstigen Preisen (auch die Pille, Viagra etc.). Notdienst-Adressen jeweils im Fenster.

Informationsqellen

Informationsbüros der Türkei
Deutschland: 60329 Frankfurt, Baseler Str. 37, www.reiseland-tuerkei-info.de
Österreich: 1010 Wien, Singerstr. 2/VIII, www.turkinfo.at
Schweiz: 8001 Zürich, Talstr. 82, www.tuerkei-info.ch

Aktiv unterwegs

Jedes Jahr liest man leider von Todesfällen von Urlaubern in der Türkei. Meist passiert das bei Aktivsportarten und bei Ausflügen in einsame Bergregionen. Beachten Sie daher bitte, dass die Sicherheitsbestimmungen in der Türkei nicht ansatzweise mit denen in Europa vergleichbar sind. Viele Burgen oder Ruinenstätten sind nicht gegen Unfälle gesichert: Für sein Überleben ist man in der Türkei ganz allein verantwortlich. Bei Ausflügen in einsame Bergregionen ist es sogar zu Mordfällen gekommen, was nur mit einer schwerwiegenden Verletzung türkischer Ehrbegriffe in Zusammenhang stehen kann. Sicherer sind auf jeden Fall geführte Ausflüge.

Reiseinfos von A bis Z

Verlorene Kinder: In den monotonen Hotelsiedlungen können Kinder im unternehmungslustigen Alter ab 7 Jahren leicht die Orientierung verlieren. Erkunden Sie am besten gleich nach Ankunft mit dem Kind zusammen die Umgebung und den Strand, zeigen Sie ihm Orientierungspunkte – und geben Sie ihm auch einen Zettel mit dem Hotelnamen mit!

Touristeninformation in der Türkei
In allen größeren Orten gibt es ein staatliches Informationsbüro (Turizm Danışma Bürosu). Die Mitarbeiter verteilen jedoch lediglich Prospekte. Mit (fast) allen Fragen kann man sich auch an die privaten Reisebüros und Tour Agencies wenden, die es selbst in den kleinsten Urlaubsorten gibt.

Internet
Bei der Web-Suche kann man alle Sonderzeichen des Türkischen ignorieren, englische Seiten lassen die Umlautzeichen des Türkischen weg (z. B. Olu Deniz statt Ölü Deniz).
www.reiseland-tuerkei-info.de: Infoseite im Auftrag des Tourismusministeriums in Deutsch.
www.istanbulpost.net: deutschsprachige Zeitung mit News zur Türkei (gebührenpflichtig).
www.tuerkei-zeitung.de: deutschsprachige Zeitung aus Alanya, viele aktuelle Kurznachrichten vor allem aus der Riviera-Region.
www.antalya.de: privates, teilkommezielles Infoportal zur Region Antalya, Kemer, Side in Deutsch, viele Tipps und Hintergrundinfos.
www.kultur.gov.tr: Infos zu allen Regionen der Türkei mit Museen, Sonderausstellungen, unter ›Kultur aktuell‹ findet man die Spielpläne für die Festivals.

Kinder
Tipps für die Reiseplanung
Alles, was man für Kleinkinder braucht (Windeln, Babynahrung etc.), ist auch in der Türkei erhältlich, am besten in den modernen Großmärkten (z. B. Migros oder Gima), die es in allen größeren Städten an der Küste gibt. Von zu Hause mitbringen sollte man jedoch Sonnenmilch mit hohem Lichtschutzfaktor, die in der Türkei teuer ist.

Nützlich sind Badeschuhe und Hausmittel gegen kleinere Erkrankungen und Verletzungen. Für ganz kleine Kinder sollte man im Sommer unbedingt auch richtige Moskitonetze mitnehmen, denn die Mücken hinterlassen bei Babys Beulen so groß wie ein Daumennagel.

Sonnenschutz
Mittags zwischen 12 und 15 Uhr ist die Sonnenstrahlung für Kinderhaut zu gefährlich. Auch T-Shirts bieten keinen ausreichenden Schutz, sie reduzieren die UV-Strahlung nur um 30 %. An Sonnencreme mit hohem Schutzfaktor (30–60) darf man nicht sparen! Türkische Kinder schlafen mittags und sind dafür bis Mitternacht auf den Beinen – diesen Rhythmus übernimmt man am besten.

Unternehmungen
Aqua Parks: Bei Fethiye/Calış (S. 35), Antalya (S. 68), İncekum (S. 92) und Alanya (S. 100) gibt es Spaßbäder mit ultimativen Rutschen für größere und Planschlandschaften für kleine Kinder.
Kamelreiten: Am Manavgat-Wasserfall (S. 88) und vor der Burg von Alanya (S. 96) kann man kurze Ritte auf einem Kamel unternehmen, etwas längere in Side an der ›Bibliothek‹.
Blaue Reise: Tagestour mit dem Boot zu Meeresgrotten und Buchten, Wasserratten sind in ihrem Element.

Reiseinfos von A bis Z

Essengehen
Im Restaurant ist der Service gegenüber kleinen Gästen fast immer von großer Herzlichkeit geprägt. Viele Restaurants haben Kinderstühle, sonst wird improvisiert. Kindergerichte gibt es nur selten, doch meist stehen Pizza, Spaghetti oder Hamburger auf der Karte; selbst spezielle Wünsche werden gern erfüllt. Sie können auch einfach nur einen leeren Teller erbitten, denn für Türken ist es normal, wenn Kinder von den Gerichten der Eltern mitessen.

Klima und Reisezeit

Die Badesaison ist an der südlichen Mittelmeerküste deutlich länger als an der Ägäis und reicht von Mai bis Ende Oktober, selbst im Winter bietet die Region Side/Alanya noch viele warme Tage. Der Hochsommer ist jedoch kaum empfehlenswert: zu heiß, zu voll, zu teuer. Bei über 40 °C Maximaltemperatur schafft man es kaum noch, sich vom Hotelpool zu entfernen. Und wenn auch nachts noch 30 °C im Hotelzimmer gemessen werden, bleibt einem nichts anderes, als sich bis zum frühen Morgen in die Openair-Bars zu flüchten.

Wer viel entdecken will, fährt im späten Frühjahr (Anfang Mai bis Mitte Juni): Dann ist die Pflanzendecke noch nicht in der Sonne verdörrt, Hyazinthen, Oleander und Bougainvillea blühen und man kann bereits baden.

Ab Oktober kann es manchmal regnen, an vielen Tagen ist es unter Sonnenschein noch regelrecht frühlingshaft. Die ungemütlichsten Monate sind Dezember und Januar.

Öffnungszeiten

Banken: Mo–Sa 8.30–12, 13.30–16 Uhr.
Postämter: Hauptpostämter tgl. 8–21, oft auch bis 23 Uhr.
Geschäfte: teils bis nach 22 Uhr, oft aber mit Mittagspause bis 16.30 Uhr.
Museen: zumeist Di–So 8–17 Uhr, in der Saison bis 19 Uhr.

Rauchen

Seit 2009 ist auch in der Türkei das Rauchen in allen öffentlichen Innenräumen, sogar von Cafés, Bars und Restaurants, verboten. Dies gilt jedoch nicht für die Außenbereiche. Bei Nichtbefolgung zahlen Gäste eine Strafe von ca. 30 €, Wirte müssen deutlich höhere Strafzahlungen hinnehmen.

Reisen mit Handicap

Ein behindertenfreundliches Reiseland ist die Türkei nicht. Da die Gestaltung der Bürgersteige (und ihrer Höhe) Privatsache ist, wird selbst ein Stadtbummel zum Hindernislauf. Sogar in Luxus-

Klimatabelle Antalya

Reiseinfos von A bis Z

hotels ist eine behindertengerechte Architektur nicht immer üblich.

Sport und Aktivitäten

Baden
Die Strände der Urlaubszentren sind sehr gepflegt und werden jeden Morgen geharkt. Dafür zahlt man ungefähr 20 TL für zwei Sonnenliegen mit Schirm.

Zwischen Antalya und Alanya zieht sich ein endloses Sandstrandband die Küste entlang. Meist ist der Sand hier mit mehr oder weniger vielen Kieseln durchsetzt, vor allem in der Brandungszone. Kinder und empfindliche Personen nehmen daher besser Badeschuhe mit. Im Kemer-Gebiet westlich von Antalya dominieren lange Strandbuchten vor landschaftlich schönen Bergwäldern. An der lykischen Küste bis nach Fethiye bestimmen kleinere Buchten das Bild. In den Touristenorten werden Bootstouren angeboten, die Felsküste eignet sich gut zum Tauchen. Einen tollen Sandstrand gibt es bei Patara (▶ F 8), der Strand von Ölüdeniz (▶ E 7) gilt als der schönste der Türkei.

Östlich von Alanya hat man das Meer an kleinen Buchten fast für sich allein, muss zum nächsten Restaurant aber oft lange Fahrten unternehmen.

Banana und Co.
An allen Stränden vor Hotels werden Pedalos (Tretboote) und Jet-Skis verliehen. Oft kann man Wasserski fahren, fast immer Banana Riding machen oder Ringos fahren: Das sind Luftkissen für eine Person; zu mehreren wird man dann mit dem Boot durchs Wasser gezogen. Beliebt ist auch Parasailing (Fallschirmsegeln gezogen von einem Boot).

Blaue Reise
Ausflugsfahrten mit dem Boot kann man ab allen größeren Urlaubsorten

Die schönsten Strände

Ölüdeniz (▶ E 7): Die berühmte Lagune, die wohl jeder von den Werbebildern kennt, ist in der Realität zwar kein Südseeparadies, aber immer noch toll. Die Sandzunge ist jedoch gebührenpflichtig und im Sommer sehr voll.

Patara (▶ F 8): Der Sand, der die antike Hafenstadt verschüttete, bildet einen der besten Sandstrände der Türkei – da die Ruinen unter Schutz stehen sind, ist dort auch noch nichts gebaut worden. Eine Snackbude versorgt die Besucher.

Olympos (▶ H 8): Der lange Sand-Kiesel-Strand beim antiken Olympos ist zwar schwer zu erreichen, aber noch sehr naturbelassen. Nur die Baumhäuser im Hinterland und etliche Kleinhotels im Nachbardörfchen Çıralı bieten Unterkunft.

Side (▶ K 7): Trotz der dichten Hotelbebauung und so gut wie keinem einsamen Plätzchen ist der sanft ins Meer abfallende Ortsstrand an der Südostküste von Side-Dorf doch noch ruhig und kinderfreundlich.

İncekum (▶ K 7): Das Feriengebiet İncekum ist benannt nach dem Nationalpark İncekum Dinlenme Parkı beim Örtchen Avsallar. Gleich an der Schnellstraße D400 liegt zwischen den Hotels Pegasos und Alara ein noch unverbauter Sandstreifen.

Iotape Beach (▶ L 8): Bei der antiken Ruinenstadt Iotape, 26 km östlich von Alanya, liegen kleinere Badebuchten unterhalb der Straße. In der ersten vor den Ruinen gibt es auch eine Strandtaverne mit Sonnenschirmvermietung.

Reiseinfos von A bis Z

unternehmen (Kaş, Kemer, Antalya, Side, Alanya). Fethiye ist zudem ein Haupthafen der Blauen Reisen: Wochentouren entlang der Küste von einer Bucht zur anderen.

Enduro Off-Road

Mit der Enduro durch die Taurus-Bergwelt – das ist die Krönung des Abenteuerurlaubs. Möglich ist das ab Alanya (▶ L 7). Anbieter: Yoshimoto (www.yoshimoto.de); Martin Türkay (www.martin-tuerkay.de).

Golf

Belek (▶ J 6), etwas östlich von Antalya, ist eine der Top-Destinationen für Golfer aus Europa und der arabischen Welt. Im Winter ist das Klima dort frühlingshaft, bis in den Mai hinein angenehm sommerlich. Ringsum gibt es luxuriöse Hotels gleich im Dutzend, während die Greenfees moderat sind. Inzwischen sind hier über zehn Plätze entstanden, weitere sind in Planung. Veranstalter wie z. B. Öger Tours bieten günstige Pakete an (Spezialkataloge).

Mountainbiking

In der Türkei ist Mountainbiking fast immer eine Extremsportart: Die hügelige bis gebirgige Landschaft erfordert eine exzellente Kondition, die Schotterpisten lassen sich nur mit gutem Fahrvermögen meistern. Besonders steil, also echtes Bergradeln, sind die Höhen über Kemer (▶ H 7) oder Alanya (▶ L 7) – eine Herausforderung!

Die beste Zeit ist von März bis Mai, danach wird es sehr heiß und man muss kiloweise Wasser mitnehmen. Wer auf eigene Faust aufbrechen will, sollte die Sicherheitshinweise auf S. 20 lesen!

Paintball

Bei Alanya-İncekum (▶ K 7), nahe dem Hotel Justiniano, in Side (▶ K 7), am Weg nach Sorgun, und auch in Belek/Kadriye (▶ J 6), nahe Kaya Hotel, gibt es solche Anlagen, wo der Zivilisationsmensch mit Farb-Knarren ein bisschen Krieg spielen kann ... Ab Gruppen zu acht zahlt man etwa 100 TL pro Person.

Paragliding

Der 1970 m hohe Babadağı über Ölüdeniz bei Fethiye (▶ E 7) ist einer der Hot Spots für Fallschirmgleiter weltweit. Anfänger dürfen im Tandem mit erfahrenen Sportlern fliegen (eine staatliche Kontrolle gibt es aber nicht, eine Lizenz brauchen die zahlreichen Anbieter am Ölüdeniz-Strand daher nicht). Man fährt ca. 1,5 Std. hoch, fliegt ca. 20 Minuten – und wird süchtig. Ein neuer Spot ist jetzt in Kaş (▶ F 8) entstanden (1000 m Höhe); für Selbstflieger sind die Gebühren dort günstiger als in Ölüdeniz.

Rafting

Die Gebirgsflüsse im Taurus bieten gute Wildwasserreviere. Geführte Touren, die auch für Anfänger geeignet sind, werden angeboten auf dem Dalaman-Fluss über Ortaca (▶ E 6) oder im Köprülü Kanyon (▶ J 5/6).

Abenteuerlicher noch sind Abfahrten auf dem Manavgat-Fluss nördlich von Side (▶ K 6). Die beste Strecke beginnt bei der Şahap-Brücke zwischen Aydınkent und Akseki, wo der Fluss durch drei Canyons mit Fällen der 5. Klasse strömt. Aber Achtung: Starten Sie nie ohne Führer, denn es gibt gefährliche Schlucklöcher!

Reiten

Besonders schön sind die Dünenritte in Patara (▶ F 8, S. 43), z. B. über www.patarahorseriding.com. In der noch sehr naturbelassenen Kemer-Region (▶ H 7) mit einsamen Bergwäldern bieten die

Reiseinfos von A bis Z

Sicherheit und Notfälle

Die Türkei ist noch sehr sicher, was ernste Kriminalität betrifft. Betrug gilt allerdings nicht als Verbrechen – wer nicht aufpasst, ist selbst schuld. Auf Wertsachen etwas mehr achten muss man aber stets im touristischen Gedränge! Große Vorsicht ist angeraten gegenüber Bitten von Fremden, Pakete etc. zu transportieren oder mitzunehmen: Immer wieder wird so versucht, Touristen als Drogenkuriere zu benutzen. Dieser Dienst bringt 20 Jahre Gefängnis!

Polizei: 155; **Verkehrspolizei:** 154; **Jandarma-Polizei:** 156;
Feuerwehr: 110; **Ambulanz:** 112; **Kartensperrnummer:** 0049 116 116
Generalkonsulat Deutschland: İzmir-Balçova, Havuzbaşı Sokağı 1, Tel. 0232 488 88 88, Fax 0232 463 95 53, E-Mail über www.tuerkei.diplo.de
Generalkonsulat Österreich: İzmir, Plevne Bulvarı 1, Gendoğdu Meydanı, Tel. 0232 464 06 30, Fax 0232 463 06 29, austria.hk.izm@gmail.com
Botschaft der Schweiz: Ankara-Kavaklıdere, Atatürk Bulvarı 247, Tel. 0312 457 31 00, Fax 0312 467 11 99, ank.vertretung@eda.admin.ch

Berke Ranch (S. 54) und die Montenegro Ranch Reitkurse und geführte Trailritte in Gruppen an.

Tauchen

Scuba Diving (Tauchen mit Pressluft) ist fast überall erlaubt, allerdings nur in Begleitung autorisierter Tauchführer. In allen Urlaubsorten und Hotelstandorten bieten Tauchschulen Kurse für Anfänger an (Padi oder CMSA), Grundkurse um 350 €. Fortgeschrittene können Ausrüstung leihen und geführte Ausfahrten zu interessanten Spots buchen. Zwar sind türkische Tauchlehrer oft ehemalige Kampftaucher und ziemlich hartgesotten, viele Stationen arbeiten aber auch mit europäischen Lehrern. Tauchzentren sind Fethiye, Kaş und Alanya.

Triathlon

Sportliche Naturen können sich beim Alanya Triathlon melden, der 2016 im Oktober stattfindet. Der Wettkampf umfasst 1,5 km Schwimmen, 40 km Radfahren und 10 km Laufen und gilt als Finale des ETU-Cups (Info: www.triatlon.org.tr). Dann ist in Alanya auch viel los, und es gibt Auftritte von türkischen Popgrößen.

Wandern und Trekking

Für Wanderungen sind April und Mai am besten geeignet, für Hochgebirgstouren eher Juli und August. Eine Infrastruktur mit Berghütten oder markierten Wanderwegen fehlt jedoch, ebenso exakte Wanderkarten. Feste Wanderschuhe, ein Kompass, ausreichender Trinkwasservorrat und für den Notfall auch Trockenproviant sind unerlässlich. In jedem Fall sollte man vor dem Aufbruch auch zu einfachen Wanderungen im Hotel Ziel und geplante Route hinterlassen, um eventuell erforderliche Suchaktionen zu erleichtern.

Als eine der schönsten Wanderstrecken der Welt hat die britische Sunday Times den **Lykischen Weg** zwischen Fethiye und Kaş bezeichnet. Er führt von Hisarönü-Ölüdeniz durch das dramatisch-steile Küstengebirge und streift dabei viele einsame Ruinenstätten der Lykier (S. 45). Auch im Beydağları-

Reiseinfos von A bis Z

Nationalpark an der Kemer-Küste gibt es gute Wandergebiete. Wer hochalpines Trekking bevorzugt, kann z. B. den 2375 m hohen Tahtalı Dağı besteigen; von Elmalı erreicht man den Kızlarsivrisi, den mit 3086 m höchsten Gipfel der Beydağları.

Geführte Touren in verschiedenen Regionen organisiert **Seb Tours**, München, Info: www.seb-tours.de.

Telefon und Internet

Telefonieren kann man bei Post und Telekom von Telefonzellen aus; dafür benötigt man Magnetkarten (zu 30, 70 oder 100 Einheiten). Internationale Vorwahl: D 0049, A 0043, CH 0041, danach Teilnehmerdurchwahl ohne 0. In die Türkei: 0090, türkische Vorwahlen gelten für die ganze Provinz. Von Antalya nach Side braucht man z. B. keine Vorwahl, wohl aber nach Fethiye.

Handys funktionieren im GSM Roaming; allerdings zahlt man auch die Auslandsverbindung für eingehende Anrufe! Handy-Anrufe aus der Türkei sind deutlich teurer als zwischen EU-Ländern.

Viele Hotels, Restaurants und auch Kioske garantieren freien WLAN-Zugang (engl. WiFi) zum **Internet** mit dem eigenen Laptop oder Smartphone. Luxushotels berechnen hingegen fast immer erstaunliche Summen. Internetcafés gibt es auch noch, z. B. in den großen Shopping Centern.

Verkehrsmittel

Flugzeug
THY, die türkische Staatslinie, aber auch SunExpress fliegen im Inlandsdienst recht günstig alle größeren Städte der Türkei an, meist aber sternförmig von/nach Istanbul oder Ankara. Zwischen Dalaman Airport und Antalya reist man also via Istanbul.

Bahn
An der Südküste gibt es Schienenverbindungen nur östlich von Adana.

Bus und Dolmuş
Reisebusse sind das wichtigste öffentliche Verkehrsmittel in der Türkei. Die komfortablen Intercity-Busse verbinden preiswert (ca. 15 TL für 100 km) alle größeren Orte mindestens im Zweistunden-Rhythmus. Die Busbahnhöfe (Otogar) liegen meist an der Ortszufahrt; mit dem Zentrum (Şehir Merkezi) sind sie per Minibus-Verkehr verbunden. Reservierung ist nur zu den islamischen Feiertagen (S. 19) nötig, sonst kann man einfach im Bus zahlen.

Der Verkehr zu den Dörfern, aber auch zu den Hotelsiedlungen der Urlauber wird von Minibussen übernommen. Sie werden **Dolmuş** genannt und funktionieren wie ein Sammeltaxi: Sie starten erst, wenn fast alle Plätze besetzt sind, und lassen unterwegs überall Passagiere zusteigen. Zentrale Busstation ist meist der Haltepunkt der Intercity-Busse, sonst hält man sie per Handzeichen an der Strecke an. Das Fahrziel ist an der Windschutzscheibe angegeben, man zahlt an Bord (bis 5 km ca. 6 TL pro Strecke).

Taxi
Taxifahren ist in der Türkei recht günstig (ca. 4 TL für 1 km nach Taxameter), Fahrten ab Flughäfen und Großhotels sind aber teurer und oft als Festpreise festgelegt. Die Wagen sind einheitlich gelb und müssen ein Taxameter haben: Achten Sie beim Start darauf, dass es eingeschaltet wird. Für längere Strecken oder für Ausflugstouren kann man Festpreise vereinbaren.

Reiseinfos von A bis Z

Auto
Das Straßennetz an der Südküste ist in gutem Zustand, die Hauptstraßen sind fast alle dreispurig ausgebaut, die Hauptküstenstraßen (D400 an der Südküste) auch vierspurig. Schwieriger ist die Situation im Hinterland, in Großstädten herrschen zur Rush-Hour chaotische Verhältnisse. Türkische Autofahrer verhalten sich zumeist defensiv, doch nicht sehr regeltreu! Vorsicht aber bei Lkw oder Luxuskarossen, die fahren oft sehr rücksichtslos!

Mietwagen: In allen Urlaubsorten werden Autos vermietet. Man sollte den Wagen auf Beschädigungen prüfen und vor allem den Zustand des Reservereifens kontrollieren. Die Tagespreise liegen zwischen 25 und 55 € für einen Pkw bzw. 60 und 80 € für einen Jeep oder größeren Wagen. In der Nebensaison kann man handeln. Ohne Kreditkarte muss man als Kaution erhebliche Summen bar vorauszahlen.

Tankstellen haben in der Regel auch sonntags geöffnet, an den Überlandstraßen viele rund um die Uhr.

Tipps für Autofahrer: In der Türkei ist es üblich, vor dem Überholen zu hupen. Das ist nicht als Drängeln zu verstehen, vielmehr ist es allgemeine Praxis, dass der Vorausfahrende Platz zum Überholen freigibt, wenn jemand schneller fahren will. Gewöhnung erfordert auch das informelle ›Dreispursystem‹ auf zweispurigen Straßen, das Überholmanöver aus beiden Richtungen gestattet. Man sollte immer weit rechts fahren, um Platz für den Überholverkehr zu lassen!

Verkehrsschilder
Dikkat: Achtung / Dur: Stopp
Yavaş: Langsam / İnşaat: Baustelle
Tek Yön: Einbahnstraße
Şehir Merkezi: Stadtzentrum

Verkehrsregeln: Höchstgeschwindigkeit innerorts 50 km/h, auf den Staatsstraßen 90 km/h (vierspurig 110 km/h), auf Autobahnen 130 km/h. Es besteht Gurtpflicht sowie ein Alkohollimit von 0,5 Promille für Privatfahrer (bei einem Unfall zahlt die Versicherung jedoch nur bei 0 Promille). Die Verkehrsschilder entsprechen europäischen Standards.

Unfall: Bei jedem Unfallschaden, der über Haftpflicht- oder Kaskoversicherung zu regulieren ist, muss ein Polizeibericht aufgenommen werden, was immer einen Alkoholtest bedeutet. Bei schweren Unfällen oder Personenschäden lassen Sie sich am besten einen Deutsch sprechenden Anwalt durch die Konsulate vermitteln (Adressen S. 25) – in jedem Fall müssen Sie sofort den Vermieter anrufen.

Der Umwelt zuliebe – nachhaltig reisen

Das einfachste Reisemittel in die Türkei ist sicher das Flugzeug, www.atmosfair.de bietet eine Möglichkeit, für den dabei entstandenen CO_2-Ausstoß einen finanziellen Ausgleich zu schaffen (S. 119). Im Land selbst kann man sich umweltfreundlich verhalten, indem man mit Bussen fährt statt mit Mietwagen, Jet-Skis meidet und möglichst wenig Plastikmüll erzeugt.

›Nachhaltig reisen‹ heißt in der Türkei aber vor allem ›sozialverträglich zu reisen‹: in traditionellen Lokantas zu essen, einheimische Produkte zu bevorzugen und keinen All-inclusive-Urlaub zu buchen, sondern nur Übernachtung mit Frühstück.

Unterwegs an der türkischen Riviera

Romantischer geht's nicht mehr: Mit einem traditionellen Gulet-Boot zu einsamen Buchten schippern, man träumt vom Südseeglück. Doch auch wenn immer noch andere mitfahren, ist der kleine Kaputaş-Strand bei Kalkan an der lykischen Küste einer der schönsten der Türkei.

Fethiye und die lykische Küste

Sarıgerme ▶ E 7

Das Hotelgebiet Sarıgerme mit einem der schönsten Feinsandstrände der Türkei liegt nur 20 km vom Flughafen Dalaman entfernt. Zahlreiche Luxushotels sind in unberührte Landschaft eingebettet. Zur Erkundung der Sehenswürdigkeiten im Raum Fethiye und Marmaris ist Sarıgerme ein sehr gutes Standquartier. Man kann ruhig, luxuriös und vor allem naturnah wohnen und zahlreiche Bus- und Bootsausflüge machen: neben **Kaunos/Dalyan** (direkt 1 , S. 31) auch Fahrten nach **Xanthos und Patara** (S. 43) und Bootsausflüge im **Golf von Fethiye** (S. 38).

Essen und Trinken

Im Dörfchen **Sarıgerme** am Flüsschen Sarıdere gibt es einige einfache Lokale, wo man türkische Küche probieren und mit den Einheimischen ins Gespräch kommen kann. Auf jeden Fall lohnt auch einmal der Ausflug nach **Ortaca** (sprich ortadscha), um dort in einfachen Volksrestaurants die schmackhafte Hausmannskost zu probieren.

Hübsch am Teich – **Ley Ley:** Okçular Köy, Tel. 0252 284 46 69, www.leyley.com.tr. Das hübsche Restaurant im Dörfchen Okçular lohnt einen Ausflug (über Ortaca Richtung Dalyan fahren, 25 km). An zwei kleinen Teichen serviert das Lokal eine sehr gute türkische Küche, dazu gibt es lebende Störche und Strauße und einen Spielplatz. Vorspeisen um 12 TL, Hauptgerichte um 25 TL.

Infos

Info-Büros und Mietwagenvermietung in allen Luxus-Hotels. Vom Flughafen Dalaman Transferzeit ca. 20 Min. Taxis sind vor den Hotels ziemlich teuer, ab Sarıgerme fährt man jedoch preiswert per Minibus.

Göcek ▶ E 7

An der Nordküste des Golfs von Fethiye hat das Dörfchen Göcek (33 km Richtung Westen) eine sprunghafte Entwicklung als Yachthafen mit fünf verschiedenen Marinas erlebt. Vor der großen Port Göcek Marina ist ein von Kanälen durchzogenes Villenviertel entstanden, so dass man direkt vom Schiff mit dem Beiboot nach Hause fahren kann. Vor allem am Wochenende wird es voller: Durch die Nähe zum Flughafen Dalaman braucht man aus Ankara nur knapp 3 Stunden Fahrtzeit hierher. Das Örtchen lohnt auch ▷ S. 34

Der erste **Golfplatz** der westlichen Südküste soll bald beim Hotel Hilton Dalaman Resort & Spa (www.hiltondalaman.com) eröffnet werden. Diese riesige Hotelanlage mit Ultra All-in-Service liegt am Ostende des Sarıgerme-Strandes. Von klimatisierten Squash-Courts bis zu einem luxuriösen Wellness-Center ist dort alles zu haben.

1 | Am Caretta-Strand – Dalyan und Kaunos

Karte: ▶ E 6/7 | **Dauer:** Tagesausflug mit Bootsfahrt und Badestopp

Der Köyceğiz-See, noch unberührt von Industrie und Touristenrummel, zählt zu den schönsten Naturlandschaften der Türkei. Zum Meer hin ist er durch eine Lagune mit Schilfdickichten abgesperrt, in der zahlreiche Tier- und Vogelarten ihre Rückzugsquartiere gefunden haben. Im Hafenörtchen Dalyan starten zahlreiche Ausflugsboote, u. a. an den Brutstrand der Caretta-Schildkröten und zur antiken Stadt Kaunos.

Das Dörfchen **Dalyan** 1, das am Ausfluss des Köyceğiz-Sees ins Meer liegt, wurde bekannt, als hier Umweltschützer ein großes Hotelprojekt verhindern konnten, um die Eiablagestrände der Meeresschildkröte Caretta caretta zu schützen. Heute steht der **İztuzu-Strand** 2 unter Naturschutz, Dalyan ist zu einem kleinen Urlaubsörtchen mit zahlreichen Kleinhotels geworden. Und lebt vom Tourismus zur Caretta, die dort allgegenwärtig ist, als riesiges Denkmal z. B. auf dem Hauptplatz.

Zum Schildkrötenstrand
In der Saison knattern die Boote der Fischerkooperative im 5-Minuten-Takt durch das Delta, das am Ende mit einem großen Fischfangwehr abgesperrt ist. Bis 19 Uhr dürfen sich die Ausflügler auf der Westspitze tummeln, dann ist der ›**Turtle Beach**‹ gesperrt. Die bis zu ca. 1 m langen Karettschildkröten kommen nachts zur Eiablage an den Strand – ein Weibchen nur alle 2–3 Jahre einmal an genau den Strand, an dem es selbst geschlüpft ist.

Allerdings jagen die Carettas gern im Delta nach dem sog. Blauen Krebs (mavi yengec). So können Fischer sie anlocken und den Besuchern vorführen. Der Strand ist unbebaut, nur ein Kiosk versorgt die Badegäste.

Fethiye und die lykische Küste

Gräber und Akropolis
Die Einwohner der antiken Stadt **Kaunos** 3 am Ufer gegenüber von Dalyan wurden im Altertum wegen ihrer grünlichen Gesichtsfarbe verspottet, wahrscheinlich weil Malaria im sumpfigen Delta eine Alltagskrankheit war. Bereits in der Spätantike begann die Verlandung des Hafens. Noch im 8. Jh. wird ein Bischof von Kaunos erwähnt, doch seit den arabischen Überfällen blieb die Stadt verlassen.

Schon von Dalyan aus sind die berühmten Felsgräber aus dem 4. Jh. v. Chr. mit einer imposanten Reihe von Tempelfassaden zu sehen. Am größten, unvollendeten Grab erkennt man, dass sie von oben nach unten aus dem Fels gemeißelt wurden; die Steinmetze und später die Bestatter mussten sich an der Steilwand abseilen.

Die eigentliche Stadt lag weiter zum Meer hin. Auf dem Bergsattel unterhalb des Akropolis-Hügels stehen Ruinen römischer Thermen, einer christlichen Basilika und das runde Podest eines Tholos-Tempels. Südlich davon blieben die steinernen Sitzreihen des Theaters erhalten, inzwischen wachsen dort einige Bäume, die Schatten spenden. Unterhalb des Sattels überblickt man den vom Meer abgeschnittenen Hafen, der in spätantiker Zeit verlandete. Am Abstiegsweg liegt eine große Tempelterrasse, wo über den Fundamenten des Zeustempels später eine Kirche stand; weiter unten markieren Reste einer Säulenhalle (Stoa) die Hafen-Agora.

Der etwas mühsame Aufstieg zur Akropolis (vom Theater aus) lohnt wegen des Blicks über Stadtruinen und das von silberglitzernden Wasserstraßen zerteilte Flussdelta.

Baden im Schlamm
Am Fluss nördlich von Dalyan sind die **Schlammbäder von Horozlar** 4 ein beliebtes Ziel. Schließlich sollen sie jeden, der sich mit dem grauen Schlick von Kopf bis Fuß einschmiert, wieder verjüngen. Neben einem Restaurant und Souvenirläden gibt es auch eine riesengroße Duschanlage, so dass alle wieder sauber werden können. Und dann ist die Erwartung groß …

Die Seglerbucht
Die Kleinstadt **Köyceğiz** 5, mit 8700 Einwohnern die Hauptstadt am See, hat viel vom traditionellen türkischen Lebensstil bewahrt, da es hier keine Großhotels gibt. Am Seeufer kann man mit traumhaftem Blick auf die von Berghöhen gerahmte spiegelnde Wasserfläche in typisch türkischen Lokalen essen. Die Spezialität hier sind Süßwasserfische aus dem See.

Von Köyceğiz fährt man am westlichen Seeufer 35 km nach **Ekincik** 6. Die idyllische, von Kiefern gerahmte Bucht ist eine beschauliche Sommerfrische mit wenigen Restaurants und Hotelpensionen. Am langen Sandstrand verlaufen sich tagsüber die Besucher, abends kommen viele Segler, um zu ankern. Direkt am Strand liegt das schöne Restaurant des Hotels Ekincik, wo auch Nicht-Gäste willkommen sind.

> **Übrigens:** Ein uriges Erlebnis ist der Besuch beim großen **Wochenmarkt in Köyceğiz** am Nordufer des Sees. Jeden Montag wird in den Gassen im Ortszentrum am Seeufer ein buntes Sammelsurium von Gemüse über Textilien bis hin zu Haushaltswaren angeboten. Man sollte aber ordentlich handeln – viele Händler können ein bisschen Deutsch. Danach kann man in den Lokalen am See einkehren und das Panorama genießen.

1 | Dalyan und Kaunos

Infos
Bootstouren: Sammelboote zum Strand alle 30 Min., 15 TL eine Fahrt; Tagestouren privat 200 TL.
İztuzu-Strand: Eintritt 5 TL.
Kaunos: tgl. 8.30–17.30 Uhr, Eintritt 10 TL, Fährboote regelmäßig ab Dalyan.
Schlammbäder (Mud Baths): tgl. 9–18 Uhr, Eintritt 7 TL.

Übernachten
Hotel Caria [1]: Dalyan, Yalı Sok. 9, Maraş Mah., Tel. 0252 284 20 75, www.hotelcaria.com, DZ/F 75–100 TL. Ordentliche Pension mitten im Zentrum, nah der Kneipenmeile am Fluss entlang (Maraş Cad.). Einfache Zimmer mit Blick über den Fluss.
Ekincik [2]: Köyceğiz, Ekincik Koyu, Tel. 0252 266 02 03, www.booking.com, DZ/F 130–300 TL. Idyllisch einsam direkt am schönen Sandstrand gelegene Hotelanlage mit Wassersport- und Spa/Wellnessangeboten. Gutes Restaurant in einem üppig zugewachsenen Gartenparadies.

Einkehren
Yakamoz [1]: Dalyan, Maraş Caddesi, Tel. 0252 284 48 32, www.dalyanyakamozrestaurant.com. Gute türkische und internationale Küche, allein 22 verschiedene Mezeler (Vorspeisen). Das besondere ist die Lage genau gegenüber den Felsgräbern von Kaunos: toller Blick.
Melody [2]: Dalyan, Çavuşlar Sok., Tel. 0252 284 20 09. Aufgrund der Lage am Nordknick des Dalyan-Flusses hat man von dem Restaurant einen schönen Blick über die 300 Fährboote auf dem Fluss. Das Essen ist international und türkisch, auch eine Lounge-Bar gibt es.
Mutlu Kardeşler Lokantası [3]: Köyceğiz, Fevzi Paşa Cad., Tel. 0252 262 24 82. Beliebtes Lokal am Hauptplatz am See. Traditionelle Küche mit Pide, Grilladen und Schmorgerichten, günstige Preise um 12–24 TL.

Fethiye und die lykische Küste

Der Traumstrand der Türkei: Ölüdeniz und die Blaue Lagune

wegen seiner guten Läden und schicken Lokale am Hafen einen Ausflug.

Übernachten
Mediterranes Idyll – **A & B Hotel:** Turgut Özal Cad., Tel. 0252 645 18 20, Mob 0533 636 92 92, www.booking.com, DZ/F (Buffet) ab 180 TL. Zweistöckiges Haus an der Hauptstraße mit kleinem Pool, netter Service. Geschmackvoll eingerichtete, in Hellgelb gestrichene Zimmer mit schmiedeeisernem Mobiliar.

Essen und Trinken
Schick und modern – **Mosaic:** İskele Meyd., tgl. 10–23 Uhr. Modernes Restaurant an der Promenade, man kann schön im Palmenschatten vor einem Springbrunnen oder auf der Dachterrasse sitzen. Frühstück, Eis, gute Grillgerichte. Vorspeisen ab 12 TL, Hauptgerichte 20–35 TL.

Einkaufen
Souvenirs – Die Turgut Özal Caddesi im Zentrum ist die Haupteinkaufsstraße. Schöne Teppiche bekommt man z. B. bei **Yurdan Carpets,** tollen Schmuck bei **Kuş Ibo.**

Sport und Aktivitäten
Blaue Reise – **Adilsail:** Belediye Marina, Tel. 0544 474 92 19. Mit einem relativ großen Guletboot geht es tgl. zu einer »12-Insel-Tour« in den Fethiye-Golf mir mehreren Badestopps.
Inselidylle – **Göcek Adası:** Vom Belediye-Kai fahren tgl. Pendelboote zur vorgelagerten Göcek-Insel, wo man in kiefernbeschatteter Naturidylle baden kann (mit Restaurant).

Fethiye ▶ E 7, Cityplan S. 36

Der Hafenort, der nach einem Erdbeben 1957 fast vollständig wiederaufgebaut werden musste, hieß in der Antike Telmessos. Reizvoll ist die in den letzten Jahren sehr gewachsene Stadt (90 000 Einw.) nicht nur wegen ihrer idyllischen Lage an einer weiten Bucht und des nahen Traumstrands Ölüdeniz, sondern vor allem, weil sie noch viel türkisches Alltagsleben bietet. Berühmt sind die **12-Islands-Bootstouren** im Golf von Fethiye (direkt 2 ▶ S. 38), nicht verpassen sollte man Ausflüge nach Dalyan/Kaunos (S. 31) und eine Fahrt nach Xanthos (S. 41).

Amyntas-Grab 1
Kaya Caddesi, 135 Sokak, tgl. 9–17.30 Uhr, Eintritt 10 TL
Vom alten Telmessos blieben nur Gräber: Im Ort zwischen Neubauten Sarkophaggräber mit Deckeln in Form eines Schiffskiels, im Steilabhang in den Fels gemeißelte Tempelgräber. Das schönste ist das Amyntas-Grab mit einer Fassade in Form eines griechischen Tempels, dahinter liegt die Grabkammer.

Antikes Theater 2
Fevzi Çakmak Caddesi, frei zugänglich
Über dem Hafen ist das antike Theater freigelegt worden, das zuletzt in römischer Zeit für 5000 Personen ausgebaut wurde. Bei einem Erdbeben 1856 stürzte das Bühnengebäude ein – bis heute kann man im Hafenbecken Steine sehen, die damals ins Meer gerollt waren. Heute finden auf den Sitzen wieder 1500 Personen bei Konzerten Platz.

Fethiye-Museum 3
Nördlich der Hauptstraße Atatürk Cad., Di–So 9–17.30 Uhr, Eintritt 5 TL
Antike Funde aus der Umgebung und türkische Volkskunst.

Strände
Calış-Strand 4: Das Strandareal von Fethiye liegt 5 km nördlich vom Zentrum. Hier geht es relativ ruhig zu, es gibt aber auch eine kleine Bummelmeile und ein großes Spaßbad. Weiter nördlich liegt der Strand von Kargı, wo es nur einige Villenkomplexe gibt.
Katrancı 5: Beim Dorf Yanıklar nördlich von Calış biegt man zum Katrancı-Strand ab. Das ist einer der wenigen unbebauten Strände der Region, die man per Auto oder Vespa erreichen kann. Eine kleine Kantine versorgt die Gäste, Pinien geben fast bis ans Meer Schatten.
Şövalye 6: Mit einer Art Boot-Taxi kann man die der Fethiye-Bucht vorgelagerte Insel Şövalye erreichen. In einem kleinen Restaurant und am ruhigen Strand an der Nordseite kann man gut entspannen.

Übernachten
Die Kataloghotels liegen meist nicht in der Stadt, sondern in den Hotelsiedlungen bei Ölüdeniz oder am Çalış-Strand. Wer nahe der Stadt wohnen möchte, hat findet hinter dem Hafen kleinere Mittelklassehotels.
Am Hafen – **Yacht Hotel** 1: direkt am Yachthafen, Tel. 0252 612 50 67 (Classic), 0252 614 15 30 (Boutique) www.yachthotelturkey.com, DZ/F um 270 TL, Classic um 450 TL. Zwei zentrumsnahe Hotels mit schönem Hafenblick, das Boutique ist moderner, das Classic setzt auf Eleganz und Wellness. Beide haben eigene Poolbereiche, teilen sich aber die Beach Bar an der Küste und das Terrace Restaurant, wo man mit tollem Buchtblick fein essen kann.

Essen und Trinken
Altstadtcharme – **Meğri** 1: Likya Sokak 8, Eski Cami Mahallesi, Tel. 0252 614 40 46. Traditionsreiches Lokal mit vielen Tischen auf dem Altstadtplatz

und großer Auswahl an Mezeler und Spezialitäten von Şiş Kebap (30 TL) bis Hummerlanguste (180 TL). Nachts ist es dort aber noch sehr heiß!

Fisch – **Hilmi** 2: Balık Pazarı 53, Tel. 0252 612 62 42. Das Restaurant im großen Fischmarktkomplex verfolgt ein außergewöhnliches Konzept: Man kauft sich einen Fisch auf dem Markt und lässt ihn im Hilmi zubereiten. Dazu gibt es eine große Auswahl an Salaten, Vorspeisen sowie an türkischen Weinen.

Traditionsküche – **Saray Lokantası** 3: Atatürk Cad., nahe Rathaus (Belediye). Türkische Klassiker mit Schmorgerichten (um 12 TL), Kebabs und Lahmacun. Lecker, landestypisch, günstig – und ohne Schlepper und Nepp!

... in Calış

Am Strand – **Güven's** 4: Calış Plajı, Tel. 0252 622 05 14, www.guvensrestaurant.com. Hübsches Gartenrestaurant an der Meerpromenade, geführt von Güven und seiner Frau Carole. Grillküche; Steaks um 28 TL.

Fethiye und Ölüdeniz

Sehenswert
1. Amyntas-Grab
2. Antikes Theater
3. Fethiye-Museum
4. Calış
5. Katrancı
6. Şövalye
7. Seepromenade
8. Göbün Bay
9. Cleopatra Hamam
10. Tersane Adası
11. Yassica Adası
12. Kızılada
13. Samanlık
14. Akvaryum-Bucht
15. Kelebekler Vadısı
16. Cold Water Bay
17. Camel Beach
18. Kayaköy
19. Gemiler Island
20. Blaue Lagune

Übernachten
1. Yacht Hotel
2. Flying Dutchman (Ölüdeniz)
3. Lykia World (Ölüdeniz)

Essen und Trinken
1. Meğri
2. Hilmi
3. Saray Lokantası
4. Güven's (Calış)
5. The Harry's (Ölüdeniz)
6. Oyster (Ölüdeniz)

Einkaufen
1. Çarşı 95. Sokak
2. Kooperative Arıcılar
3. Wochenmarkt

Ausgehen
1. Car Cemetry Bar
2. Istanbul Bar
3. Club MakaRa
4. Crusoes Beach Club

Sport und Aktivitäten
1. Divers Delight
2. Light Tours
3. Hamam

Einkaufen
Im **Altstadtviertel Paspatur** gibt es Souvenirs, Gewürze, Lederwaren, Schmuck und Teppiche. Moderne Mode findet man im **Çarşı 95. Sokak** [1], einer überdachten Shopping-Straße.
Honig – Eine besondere Spezialität ist der von der Imkerkooperative **Arıcılar** [2] (37. Sokak) abgefüllte *çam balı* (Pinienhonig).
Ursprünglich – Ein großer **Wochenmarkt** [3] findet am Dienstag nördlich vom Museum statt. Viele Stände mit türkischer Snack-Küche.

Ausgehen
Oldies – **Car Cemetery** [1]: Über der Kneipe in der Bar Street hängt die Vorderpartie eines Oldtimers, darunter kann man gemütlich sitzen.
Wasserpfeife – In der Bar Street gibt es auch ruhigere Lokale, z. B. die **Istanbul Bar** [2], wo man etwas erhöht über der Straße eine Wasserpfeife rauchen kann, in den oberen Etagen spielt man Latin und Soul auf kleineren Floors.
Abtanzen – Das **Club MakaRa** [3] beim Hamam ist der einzige echte Club in der Stadt, dort wird hauptsächlich House und TürkPop gespielt. Bis 24 Uhr Cocktails zum halben Preis.

Sport und Aktivitäten
Tauchen – **Divers Delight** [1]: Dispanser Sok. 25/B, Tel. 0252 612 10 99, www.diversdelight.com. Renommierte Schule, Ausfahrten und Kurse.
Segeln – **Light Tours** [2]: Atatürk Cad. 104, Tel. 0252 614 47 57, www.lighttours.com. ›Blaue Reisen‹ mit Gulets (max. 20 Pers.). Trips bis nach Olympos oder Richtung Marmaris ca. 300 €/Pers.
Hamam – Das **Hamam** [3] aus dem 16. Jh. in der Altstadt ist auch für gemischte Touristengruppen zugänglich. Badekleidung nicht vergessen!
Rafting – Tagesausflüge zu Abfahrten auf dem **Dalaman Çayı** (Fälle 3. Klasse) bucht man über die Reiseagenturen in den Hotels oder den Urlaubsorten.

Infos
Tourist Information: İskele Karşısı, am Hafen, Tel./Fax (0252) 614 15 27.
Internet: www.fethiyelife.com (eng.)
Busse: Intercity-Busstati- ▷ S. 40

2 | Zwölf Inseln – Bootstouren rund um Fethiye

Karte: ▶ E 7, Plan S. 36
Dauer: 7–8 h, organisierte Tagestouren per Boot mit Badestopps

Klar, Ölüdeniz will jeder gesehen haben. Wer dort aber an das heimische Freibad an einem Augustsonntag erinnert wird, muss nicht in Trübsinn verfallen: Per Schiff sind immer noch einsame Buchten zu erreichen, deren Farbenspiel aus dem Grün der Kiefern, dem Türkisblau des Meeres und weißem Sand diesen Teil der türkischen Küste so berühmt gemacht hat.

Bootsausflüge starten von Fethiyes **Seepromenade** 7, wo die typischen Gulet-Boote abends in dichter Reihe ankern; tagsüber trifft man meist nur einen Info-Stand an. Vorteilhafter ist es, am späten Nachmittag zu buchen, wenn das Schiff gerade zurückkehrt (meist zwischen 17.30 und 18.30 Uhr). Dann sieht man, worauf man sich einlässt, und kann auch die Passagiere selbst fragen.

Die Boote können 50 bis 150 Passagiere aufnehmen, allzu große Schiffe sollte man aber meiden, obwohl sie vielleicht günstiger sind. Immer ist ein Mittagessen mit im Preis enthalten. Das ist kein Sterneessen, aber auch selten wirklich schlecht. Nervig kann es aber werden, wenn man eher Ruhe sucht und in eine Discofahrt mit Saufgelage gerät.

Zwölf Inseln
Der beliebteste Ausflug wird nach den zwölf Inseln im Golf von Fethiye »12 Is-

Übrigens: Vorsicht ist beim Sonnenbad geboten. Durch den ständigen Fahrtwind merkt man nicht, wie sehr man in der Sonne verbrennt. Sonnencreme sollte mindestens den Faktor 20, besser 30 haben, für Kinder noch deutlich mehr.

2 | Zwölf-Insel-Tour

lands Tour« genannt: Er bietet fünf Badestopps an kaum besiedelten Küsten:

Erster Stopp ist meist **Göbün Bay** 8 an der Südwestküste des Golfs. In dieser tiefen, sehr geschützten Bucht ankern nachts viele Segler, daher gibt es dort auch ein Restaurant. Wenn man den Hügelrücken nach Westen überquert, kommt man aber zur ganz ruhigen **Cavy Bay** (auch Mağara Bay) mit kleinem Sandstrand, die nach einer Höhle in den Küstenfelsen benannt ist.

Der zweite Stopp ist das **Cleopatra Hamam** 9. Nach der Legende soll sogar die ägyptische Königin Kleopatra dort gebadet haben. Das Bad, gespeist von einer warmen Quelle, ist durch Erdbeben zum Teil im Meer versunken, die Quelle ist aber noch aktiv.

Dockyard Island oder **Tersane Adası** 10 ist die erste wirkliche Insel. Die Bucht erscheint wie ein See mit einem schmalen Zufahrtkanal und ist vor Winden sehr geschützt. In osmanischer Zeit bauten Griechen hier Schiffe, nach dieser Werft (trk. *tersane*) ist die Insel benannt. Auch hier gibt es ein improvisiertes Restaurant, das abends voller Yachties ist.

Besonders gut baden kann man am nächsten Stopp, nämlich der flachen Sandbank von Flat Island oder **Yassıca Adası** 11. Die ›Flache Insel‹ mit ihrem 1,5 km langen Strand ist umgeben von etlichen kleineren Inselchen; zu einer Insel gegenüber der Sandbank kann man schwimmen und dort einen Salzsee besuchen, der durch eine Sandbrücke vom Meer abgeschnitten wurde. Restaurantboote sorgen hier für Getränke, Eis und Snacks, auch Bananas, Ringos und sogar Wasserski werden angeboten.

Die letzte Station, Red Island oder **Kızılada** 12, ist benannt nach der roten Erde der Insel. Wer nicht noch einmal schwimmen möchte, kann auch nur den Sonnenuntergang über den Inseln bewundern, den schönsten der gesamten Türkei.

Aquarium Tour

Reizvoll sind auch Bootstouren entlang der auf dem Landweg kaum zugänglichen Südostküste des Golfs. Erste Station westlich von Fethiye ist **Samanlık** 13, ein unbebauter Strand mit einer großen Wasserrutsche. Besonders schön ist dann die **Akvaryum-Bucht** 14 mit besonders klarem Wasser, wo man gut schnorcheln und Fische beobachten kann.

Infos

12 Islands Tour: Abfahrt zwischen 10 und 11 Uhr, Rückkehr zwischen 17.30 und 18.30 Uhr, Preise zwischen 50 und 70 TL.

Bootstouren ab Ölüdeniz

Auch in Ölüdeniz starten am Belceğiz-Strand morgens um 10 Uhr Bootstouren, z. B. ins **Butterfly Valley,** türkisch **Kelebekler Vadısı** 15 genannt. Das ist ein enges Tal mit über 100 m hohen Felswänden, das nur per Boot oder zu Fuß erreichbar ist. Am idyllischen Strand gibt es eine Taverne, die auch einfachste Hütten vermietet. Mit dem Boot kann man auch an die **Cold Water Bay** 16 (Soğuksu Limanı) mit einer kalten untermeerischen Quelle fahren oder zum **Camel Beach** 17, wo ein Kamel die Attraktion darstellt.

Achtung Delfine

Wer auf den Fahrten im Golf nicht nur in der Sonne brezelt, sondern auch das Meer im Auge behält, kann Delfine entdecken, die gern mit den Booten um die Wette schwimmen.

Fethiye und die lykische Küste

on an der Ausfallstraße nach Antalya. Minibus-Stationen hinter der Post und am Ende der Çarşı Cad.; nach Ölüdeniz und Çalış etwa alle 30 Min.

Ziele in der Umgebung

Das Schilfdelta von **Dalyan und Kaunos** (S. 31) sollte man nicht verpassen, ebenso die Fahrt durchs Eşen-Tal nach **Saklıkent, Xanthos** und zum Strand von **Patara** (direkt 3 ▶ S. 41).

Kayaköy 18 : 8 km von Fethiye, 3 km hinter Hisarönü. Das alte Griechenstädtchen Livissi (in der Antike Karmilassos) ist seit 1923 eine Geisterstadt. Damals mussten nach der griechischen Niederlage gegen Atatürks Truppen alle 1,5 Mio. Griechen die Türkei verlassen. Heute bietet man Imbisse und Souvenirs an, im Stadtinneren kann man auf gepflasterten Treppengassen Kirchen, Schulen, Brunnen zwischen den geplünderten Hausruinen entdecken.

Gemiler Island 19 : 14 km von Kayaköy. Die Insel mit Ruinen eines befestigten Klosters (St. Nicolaos/Agios Nikolaos, 6. Jh.) ist ein beliebter Stopp der Ausflugsboote. An die schöne Badebucht mit einfachem Lokanta gelangt man aber auch mit dem Auto.

Ölüdeniz ▶ E 7, Plan S. 36

Im Winter ist der von den Prospektfotos bekannte Traumstrand an der **Blauen Lagune** 20 wirklich so traumhaft wie auf den Fotos. Im Sommer wirkt das gebührenpflichtige Badeareal aber sehr überlaufen. Ringsumher, im Areal der früheren Dörfer Ovacık und Hisarönü (auf der Hochebene) sowie Belçeğiz (am Strand) ist eine riesige Ferienstadt entstanden. Zwischen der von Lokalen gesäumten Promenade und dem Strand liegt die Landezone der Paraglider, die in dichter Folge einschweben (S. 24).

Übernachten

Für Flieger – **Flying Dutchman** 2 : An der Fußgängerzone von Ölüdeniz, Tel. 0252 617 04 41, Fax 0252 617 03 46, www.flyingdutchman.com.tr, DZ/F ca. 200 TL. Kleineres Haus mit Holzbalkonen und Pool, geführt von einem Holländer, der meistens unter dem Schirm hängt. Viele junge Leute, etwas laut, weil eine Kneipe (Buffalo Steakhouse) im Erdgeschoss ist.

Luxus und Sport – **Lykia World** 3 : 3 km östlich von Ölüdeniz in der nächsten Bucht, Tel. 0252 617 02 00, www.lykiaworld.de; nur pauschal buchbar. Ein tolles Sporthotel, von Bogenschießen bis Paragliding wird für alles gesorgt. Mit eigener Segelschule (10 Boote) und eigenem Tauchcenter; dazu 21 Tennisplätze, 9 Restaurants und ein Thalasso-Kurzentrum, wo man nach allen Regeln der Wellness verwöhnt wird!

Essen und Trinken

Tolle Aussicht – **The Harry's** 5 : Denizpark Cad., Belçeğiz, Tel. 0252 617 07 08, www.theharrysrestaurant.com. Schickes Lounge-Restaurant mit Dachterrasse an der Meerpromenade, internationale Grillküche, hochpreisig, aber gute Musik und toller Strandblick.

Hübsch lauschig – **Oyster Restaurant** 6 : Denizpark Cad., Belçeğiz, Tel. 0252 617 07 65, www.oysterresidences.com. Das kleine, aber feine Hotel direkt am Strand beim Paraglider-Landeplatz führt ein hübsches, im englischen Landhausstil gehaltenes Restaurant mit türkischer und internationaler Küche, Hauptgerichte ab 25 TL.

Ausgehen

Besonders viel ist nachts am Belceğiz-Strand und im Ortszentrum von Hisarönü los.

Tanzen am Strand – **Crusoes Beach Club** 4 liegt direkt am ▷ S. 44

3 | Im Land der Lykier – Saklıkent und Xanthos

Karte: ▶ F 7/8 | **Dauer:** Tagestour per Mietwagen mit Badestopps

Östlich von Fethiye liegt die Landschaft Lykien, ein noch dünn besiedeltes Gebiet mit außergewöhnlichen antiken Grabungsstätten. Durch einsame Wälder fährt man zur spektakulären Schlucht von Saklıkent und erreicht schließlich bei Patara einen der längsten Strände der Türkei.

Die Lykier waren ein Volk im südwestlichen Taurus-Bergland, dessen Geschichte bis in die bronzezeitliche Epoche der Hethiter zurückreicht. Berühmtberüchtigt wurde ihr Stolz, denn zweimal wählten die Xanthier den Massenselbstmord, anstatt sich den überlegenen Armeen der Perser und der Römer zu unterwerfen.

Im 5. und 4. Jh. v. Chr. entwickelten die Lykier jene außergewöhnliche Grabarchitektur, die noch heute fasziniert. Stets erhöht auf Pfeilern, an Felswänden oder auf Sockeln wurden die Toten bestattet, in Sarkophagen mit Deckeln in Form eines umgedrehten Schiffes, in Hausgräbern in Form der lykischen Lehm-Balkenhäuser oder eben – die Fürsten – in grandiosen Tempelgräbern, die die monumentalen Fronten griechischer Tempel nachahmen.

Die Tour folgt dem Tal des Eşen Çayı, der in der Antike Xanthos hieß, bis zu seiner Mündung am Strand von Patara.

Beim blutigen Aga

Erste Station ist die Stadt **Tlos** 1, die auf dem östlichen Talhang liegt. In der Felswand-Nekropole unterhalb der Akropolis drängen sich die Gräber dicht an dicht, darunter ein großes Tempelgrab mit dem berühmten Bellerophontes-Relief. Der Akropolis-Hügel wurde in osmanischer Zeit mit einer Burg überbaut und war im 19. Jh. Residenz des Kanlı Ali Ağa, des ›Blutigen Ali‹. Neben den Thermen mit einer schönen

Fethiye und die lykische Küste

Aussichtskanzel über die Talebene ist auch das Theater gut erhalten. Wenn man dort weiterfährt kommt man zum beliebten Forellenrestaurant Yakapark.

Die versteckte Stadt
Saklıkent 2 (trk. ›versteckte Stadt‹) ist eine über 100 m hohe, enge Schlucht, durch die ein eiskalter Gebirgsbach fließt. Spektakulär! Vor der Schlucht kann man in lauschigen Restaurants am Wasser Grillforelle essen; um durch den Bach und weiter in die Schlucht hinein zu wandern, werden Badeschuhe verliehen. In Fethiye kann man auch geführte Canyoning-Touren in der Schlucht (mit Abseilen die Wasserfälle hinunter) buchen.

Einsame Ruinen im Wald
So groß der Rummel in Saklıkent, so einsam ist es in **Pinara** 3, einer lykischen Stadt auf dem gegenüberliegenden Tal-Hang. Schon bei der Anfahrt sieht man die Felswand der Akropolis, die von zahllosen kleinen Grabkammern wie durchlöchert wirkt. Unterhalb liegt das Stadtzentrum. Beim Aufstieg durchs Bachtal passiert man das ›Königsgrab‹. Das Stadtzentrum mit der Agora verbirgt sich unter Kiefern, schön ist aber der Blick zur Südnekropole mit großen Tempelgräbern oder zum Theater. Man kann gut im Schatten picknicken (aber bitte nicht rauchen, Waldbrandgefahr, keinen Müll liegen lassen).

Die Ruinen der lykischen Stadt **Sidyma** 4 liegen beim und im Dorf Dondurga, zu dem man südlich von Eşen abzweigt. Katen aus antiken Steinen stehen auf antiken Grundmauern, auf antiken Marmorplatten werden Feldfrüchte getrocknet, auf antiken Säulentrommeln mahlt man Getreide. In den Feldern rings um das Dorf erheben sich monumentale Grabbauten (für Führungen wird ein Bakschisch erwartet).

Stolze Fürstenstadt
Xanthos 5 war einst die bedeutendste Stadt der Lykier, bevor Limyra im Osten und Telmessos (Fethiye) im Westen im 4. Jh. v. Chr. zu Königssitzen wurden. Dementsprechend ist die Stadt für ihre herausragenden Fürstengräber berühmt. Das wichtigste, das Nereïden-Monument, war das Grabmal des Fürsten Arbinas und befindet sich heute im Britischen Museum in London. Dieser am Anfang des 4. Jh. v. Chr. errichtete Grabtempel vereinte erstmals das lykische Element des hohen Sockels mit einem griechischen Tempel.

Beim römischen Theater steht das um 480 v. Chr. entstandene Harpyien-Monument, das größte erhaltene lykische Pfeilergrab. Auf dem Plateau der lykischen Akropolis hinter dem Theater entstand später eine byzantinische Klosteranlage, doch wurden dort auch die Fundamente des bei der Eroberung durch die Perser zerstörten Palastes entdeckt. Nördlich vom Theater liegt die Agora aus dem 2. Jh. mit dem Inschriftenpfeiler, dem Grabmonument eines Fürsten, der im Peloponnesischen Krieg für die Spartaner kämpfte. Er zeigt die längste bekannte Inschrift in lykischer Sprache.

Auf der anderen Seite des Parkplatzes blieben die frühchristlichen Fußbodenmosaike einer großen Basilika erhalten. Beim Aufstieg zur römischen Akropolis entdeckt man unter Olivenbäumen weitere lykische Gräber, darunter den Tänzerinnen-Sarkophag und, kurz vor dem Plateau der römischen Akropolis, ein gut erhaltenes Pfeilergrab zwischen Hausgräbern.

Tempel der Muttergöttin
Nur 4 km südlich von Xanthos liegt das **Letoon** 6, das Hauptheiligtum der Lykier. Dort wurden die kleinasiatische Fruchtbarkeitsgöttin Leto und ihre ›grie-

3 | Saklıkent und Xanthos

chischen‹ Kinder Apollon und Artemis verehrt. Die drei Tempel liegen südlich vom Theater und einer Stoa aus hellenistischer Zeit. Der rechte ist das Heiligtum der Leto aus dem 2. Jh. v. Chr., links der Apollon geweihte Tempel. Der in der Mitte ist älter und wurde vermutlich Anfang des 4. Jh. v. Chr. von Arbinas aus Xanthos, dem Bauherrn des Nereiden-Monuments, gestiftet. Während der jüngsten Grabungen wurden drei Säulen wieder aufgestellt. Südlich sieht man die Reste eines monumentalen Nymphaions aus der Kaiserzeit, die kaum über den seit der Antike erheblich gestiegenen Grundwasserspiegel hinausragen.

Und jetzt an den Strand

Über den Weiler Gelemiş geht es zum antiken **Patara** 7, einst die wichtigste Hafenstadt Lykiens. Heute breitet sich hier ein kilometerlanger Sandstrand aus, der als Brutgebiet der Caretta-Meeresschildkröten geschützt ist.

Das Stadtgebiet beginnt mit dem Modestus-Tor, hinter dem Teile der Pflasterstraßen rund um eine Markt-Basilika und die ›Palmen-Thermen‹ freigelegt wurden. Den Rest des nur schwer zugänglichen Stadtgebiets überblickt man am besten von den oberen Rängen des inzwischen vollständig freigelegten Theaters. Direkt gegenüber wurde auf Kosten des türkischen Parlaments die Versammlungshalle des Lykischen Bundes aufwendig rekonstruiert. Dahinter verläuft die Kolonnadenstraße nach Norden. Folgt man dahinter der Piste nach Westen, kommt man zum wiederaufgebauten Leuchtturm, dem einzigen erhaltenen der Antike.

Infos

Tlos: Eintritt 8 TL, **Saklıkent:** 15 TL, **Xanthos:** 15 TL, **Letoon:** 8 TL, **Patara:** 10 TL, Auto 5 TL; geöffnet alle tgl. 8–18 Uhr.

Schöne Rastplätze

Yakapark 1: Tlos, www.yakapark.com. Die große Forellenfarm (600 Restaurant-Plätze) liegt 2 km über Tlos in den Bergen. Überall gibt's Wasserbecken; Hängematten und gezimmerte Baumterrassen sorgen für Flair.

Paradise Park 2: Saklıkent, www.saklikentparadisepark.com. Hier sitzt man schön auf Sitzkissen am Wasser, fürs Nickerchen nach dem Essen (Mezeler-Buffet, Grillgerichte) gibt es Hängematten.

Einfach dableiben

Delfin Hotel 1: Patara/Gelemiş, Tel. 0242 843 51 20, www.pataradelfinhotel.com, DZ/F 90–150 TL. Familiär geführtes Hotel kurz vor dem Patara-Strand, linke Hangseite. Mit Pool, einfache, aber angenehm helle Zimmer.

Fethiye und die lykische Küste

Strand. Im Openair-Bereich serviert man ab 9 Uhr Frühstück zu aktueller Popmusik, nachts wird indoor zu House und Electro bis zum frühen Morgen gefeiert.

Kalkan ▶ F 8

Dieses Hafenstädtchen an der lykischen Küste wird inzwischen in den besseren Kreisen der türkischen Gesellschaft als Urlaubstipp gehandelt. Aber auch viele Briten haben sich ringsum in Ferienvillen eingekauft – gefühlt hat sich Kalkan in den letzten zehn Jahren um das Zwanzigfache vergrößert. Am Hauptplatz des ehemaligen Griechendorfs findet man heute eine der schönsten Bummelmeilen der Türkei mit schicken Antiquitätenlädchen und erstklassigen Restaurants. Gute Strände fehlen freilich – eher etwas für Individualisten also! Seit dem Bau der neuen Marina ist Kalkan auch bei Yachturlaubern beliebt, dadurch ist es am Hafen etwas lauter und bunter geworden.

Strände

Leider keine Sandstrände! Östlich des Hafens liegt ein kleiner Feinkieselstrand, im Sommer sehr voll. Der **Ebo Beach Club** auf der Mole des Yachthafens ist bei jüngeren Leuten beliebt. Sonst nur kleine Felsbuchten wie die des **Kalamar Beach Club** ca. 4 km westlich vom Hafen (Tel. 0242 844 30 61, Abholservice bei Anruf), wo man auch gut schnorcheln kann.

Zum schönen, nur selten überlaufenen **Kaputaş Plajı** Richtung Kaş fährt man ca. 10 Min. mit dem Minibus (auf den Tarif achten: Normalpreis nach Kaş liegt bei ca. 8 TL). Von der Straße steigt man über eine Treppe ca. 50 m tief zur

Romantisches Dachrestaurant in Kalkan

Kalkan

Der Lykische Weg

Entlang der lykischen Küste verläuft zwischen Fethiye und Kemer ein durchgehend markierter **Fernwanderweg,** bei der Eröffnung 1999 der erste der Türkei. Er führt teils an der Küste entlang, teils über Mittelgebirgshöhen, größtenteils durch die grandiose, noch sehr einsame Naturlandschaft Lykiens. Ein guter Streckenführer ist im Conrad Stein Verlag erschienen (Michael Hennemann, »Der Lykische Weg«). Besser geht man aber nicht in eigener Regie, sondern in einer geführten Gruppe, buchbar z. B. unter www.seb-tours.de.

Bucht mit türkisblauem Wasser hinunter (Bild S. 28).

Übernachten

Im Ort gibt es viele kleinere Pensionen, dort wohnt man stilvoller als in den Neubauvierteln ringsum. Da die Ortszufahrt in der Saison für Autos gesperrt ist, sollte man erst zu Fuß eine Unterkunft suchen, danach kann man mit dem Auto reinfahren.

Hübsche Pension – **Türk Evi:** Şehitler Cad. 19, Tel. 0242 844 31 29, www.booking.com, DZ/F 180–300 TL. Eine gepflegte Pension in einem alten Griechenhaus links an der Zufahrtsstraße von der D400. Türkische Teppiche in der Rezeption, geschmackvolle Zimmer sogar mit Moskitonetzen, aufmerksamer Service der Familie Elitez.

Elternparadies – **Pirat:** direkt am Hafen, eigene Zufahrt vom Busplatz, Tel. 0242 844 31 78, www.booking.com, DZ/F 200–370 TL. Das einzige Großhotel im Dorf selbst. Zahlreiche Apartments für Familien (in vielen Pauschalkatalogen). Gute Mittelklasse, kleiner Pool, auch Kinderanimation.

Mit Privatbucht – **KulubE:** Ortsteil Kalamar Koyu, Funda Sok. 13, Tel. 0242 844 24 45, www.booking.com, B&B 2 Pers. 150–450 TL. Eine hübsche Anlage am Ende des Neubauviertels (mit etwas halsbrecherischer Anfahrt). Häuser im griechisch inspirierten Kalkan-Stil über einer kleinen, strahlend blauen Felsbucht: Super!

Essen und Trinken

›Home cooking‹ – **Ali Baba:** unterhalb vom Busplatz. Echte türkische Küche in einfachem Ambiente. Ein guter Querschnitt ›von allem‹ ist die Mixed Plate (20 TL). Sehr gut sind die Salçalı-Köfte (12 TL!).

Modern mit Aussicht – **Cafe Zula:** am Weg zum Hafen, 2. Sok 8, Tel. 0242 844 15 20, www.zularestaurant.com. Das alte Zeyno's wurde komplett umgebaut und ist jetzt eine moderne Location mit Bar und internationalem Restaurant. Wie bei vielen Häusern diniert man jetzt auch auf der Dachterrasse mit tollem Buchtblick. Hauptgerichte ab 26 TL.

Am Hafen – **Korsan Meze:** an der Hafenmole Richtung Leuchtturm, Tel. 0242 844 36 22, www.korsankalkan.com. Korsan verkauft Villen, vermietet Apartments und führt drei gute Restaurants. Das Meze direkt am Hafen ist spezialisiert auf türkische Küche mit Lammgerichten und großer Vorspeisenauswahl. Hauptgerichte ab 25 TL.

Schick essen – **Aubergine (Patlıcan):** an der Hafenmole rechts, Tel. 0242 844 33 32, www.kalkanaubergine.com. Die Yachties gehen gerne hier hin, wenn sie mal richtig schlemmen mögen. Die Spezialität ist Wildziege aus dem Ofen (45 TL), es gibt aber auch gute Steaks und

Fethiye und die lykische Küste

fantastische Nachspeisen. Hauptgerichte ab 29 TL.

Ausgehen
Beliebt und gemütlich – **Yalı Bar:** nahe Hauptplatz, mit Oldies und Tanzfläche auf dem Dach.
Wasserpfeife – **Ottoman House Bar:** İskele Caddesi, am Weg zum Hafen. Urige Bar mit osmanischen Sitzkissen, wo man auch eine Shisha rauchen kann.
Schickes Ambiente – **Kalamaki Lounge:** Hasan Altan Cad. 43. Schicke Lounge Bar (auch Dachrestaurant) am Ende der oberen Dorfstraße. Coole Location für einen Drink nach dem Essen.
Soul & Show – **No-Name Bar:** unterhalb vom Taxi-Stand. Bei Jüngeren beliebte Openair-Bar mit GoGo-Tänzerinnen, Feuerzauber und zumeist R&B-Musik.

Sport und Aktivitäten
Ausflüge – **Define Tours:** Büro am Hafen, Tel. 0242 844 39 44, www.definetours.com. Touren nach Xanthos, Saklıkent, Kekova; Jeep Safari, Quads, Sea Kayaking, Canyoning etc.
Tauchen – **Dolphin Scuba Team:** Tel./Fax 0242 844 22 42, www.dolphinscubateam.com. Büro im Hotel Pirat am Hafen, Tauchkurse (Padi) und Ausfahrten zu Riffen bei der Heybeli-Insel.

Infos
Internet: www.kalkan.org.tr, Hotels mit Buchungsmöglichkeit und Restaurant-Info.
Busse: von der Busstation vor dem Ortskern mindestens zweistündlich Verbindung Richtung Antalya und Fethiye.

Ziele in der Umgebung
Ziele der Umgebung wie der Patara-Strand (S. 43), die Ruinen von Xanthos (S. 42) oder die Felsgräber von Myra (S. 51) sollte man nicht verpassen.

Kaş ▶ F 8

Das bis 1923 von Griechen besiedelte Fischerdorf Kaş (8000 Ew., spr. Kasch) versteckt sich in einer zerklüfteten Küstenlandschaft mit langen Halbinseln und dem vorgelagerten Inselchen Kastelorizo, das immer noch zu Griechenland gehört. Da Kaş nur auf kurvigen Straßen erreichbar ist und sehr weit von den Flughäfen Dalaman und Antalya entfernt liegt, hat es sich zu einem Geheimtipp unter Individualtouristen, Tauchern und Yachtseglern entwickelt. So konnte der Ort viel von seinem ruhigen Charme behalten.

Ruinen von Antiphellos
Am Ansatz der Çukurbağ-Halbinsel liegt ein kleineres, heute komplett restauriertes **Theater** [1] mit schöner Aussicht übers Meer. Es ist ein Relikt der antiken Stadt Antiphellos, dem Hafenort der lykischen Stadt Phellos (lykisch Vehinda), deren Ruinen im Bergland über Kaş liegen. Beim Rückweg lohnt ein Blick auf die Mauern eines **hellenistischen Tempels** [2]. Erhalten blieben auch verschiedene **Felsgräber** [3] und Sarkophage, am schönsten das **Löwengrab** [4], ein gut 4 m hohes Hyposoriongrab am Ende der ›Antiquitätengasse‹, die links am Hafen hochsteigt. Auch am östlichen Hafenende steht ein kleiner **lykischer Sarkophag** [5].

Strände
Am **Küçükçakıl Plaj** (Little Pebble Beach) bzw. an den Felsküsten vor der Hotelzone sind viele Lidos entstanden (Terrassen mit Holzbohlen, Einstieg ins Wasser über Leitern, Sonnenliegen umsonst, dafür Mindestverzehr). Der **Büyükçakıl Plaj** (Big Pebble Beach) weiter außerhalb Richtung Südosten ist ein richtiger Kieselstrand, den sich einige Strandlokale teilen.

Kaş

Sehenswert
1. Theater
2. Hellenistischer Tempel
3. Felsgräber
4. Löwengrab
5. Lykischer Sarkophag

Übernachten
1. Narr Hotel
2. Kaputaş Apart

3. Club Phellos

Essen und Trinken
1. Mercan
2. Sumanu Şarapevi
3. Smiley's
4. Cınarlar Garden
5. Kaş'ım
6. Yalı Restoran

Einkaufen
1. Turqueria
2. Wochenmarkt

Ausgehen
1. Mavi Bar
2. Deja Vue Bar
3. Hideaway Bar
4. Echo Bar
5. Red Point Bar

Ausflugsboote fahren morgens und mittags zum **Liman Ağızı** am Ende der Bucht, einem Sandstrand mit drei Tavernen. 3,5 km Richtung Kalkan liegt der **Akçagerme Plaj** an der Küstenstraße mit Kieselstrand, Restaurant, Pool und Wasserrutschen. Zum **Kaputaş Beach** (Bild S. 28) nimmt man den Minibus nach Kalkan, ca. 20 Min Fahrt.

Übernachten

Im Viertel rechts von der Straße zum Hafen gibt es viele Pensionen (DZ/F in der Regel 80–120 TL), auf der anderen Seite der Bucht stehen die neueren Mittelklassehotels, die Luxushäuser auf der Halbinsel nach Westen, wo inzwischen ein großes Hotelviertel gebaut wurde.
Schick und modern – **Narr Hotel** 1: Küçükçakıl, Hükümet Cad, Tel. 0242 836 20 24, www.booking.com, DZ/F 180–300 TL. Neueres, schick und modern eingerichtetes Hotel an der Lido-Küste, ca. 5 Gehminuten in den Ort. Tol-

Fethiye und die lykische Küste

ler Meerblick, die Zimmer nach hinten sind jedoch kühler.

Für Selbstversorger – **Kaputas Apart** 2: Andifli Mah., Arısan Sok. 20, Tel. 0242 836 24 77, www.booking.com, Studio ab 200 TL. Neueres Apartmenthaus in Ortsnähe, etwas erhöht über dem Zentrum gelegen, gut per Auto erreichbar. Die Zimmer sind modern, hell und komfortabel ausgestattet. In der Hochsaison reservieren!

Luxus im Ort – **Club Phellos** 3: Doğruyol Sok. 4, Tel. 0242 836 19 53, www.hotelclubphellos.com, DZ/F ab 210 TL. Das beste Haus im Ort mit großer Poolanlage und sogar einer Wasserrutsche. Helle, mediterrane Zimmer, Sauna/Hamam.

Essen und Trinken

Sonne satt – **Mercan** 1: am Hafen, Ostseite, Tel. 0242 836 12 09. Das älteste Restaurant der Stadt, 1956 vom Vater des Chefs Mustafa gegründet, heute die Topadresse für schickes Essengehen. Große Fischauswahl, netter Service, das besondere Plus ist der lange Sonnenuntergang. Hauptgerichte um 30 TL, Fisch teurer, Wein ab 60 TL.

Gartenparadies – **Sumanu Şarapevi** 2: S. Sandıkçı Cad. 10, Tel. 0242 836 31 38. Auf der schattigen Gartenterrasse wird eine tadellose Küche im Crossover-Stil serviert. Zum offenen Wein kann man leckere *mezeler* (Vorspeisen), teils auch eher außergewöhnliche, bestellen. Hauptgerichte ab 25 TL.

Urgestein – **Smiley's** 3: Liman Sok., rechte Hafenseite, Tel. 0242 836 28 12. Auch nach dem Umzug aus der Altstadt an den Hafen schmückt sich das Smiley's mit allen Europa-Flaggen – und die Kellner sprechen perfekt Deutsch oder Englisch. Es gibt türkische und internationale Küche; gelobt werden die Mezeler-Platte (35 TL) und die Fischplatte (180 TL).

Pizza und mehr – **Cınarlar Garden** 4: İbrahim Serin Sok., Tel. 0242 836 28 60, tgl. ab 18.30 Uhr. Nettes Lokal oberhalb der Atatürk-Statue am Hafen mit guter Pizza aus dem Holzkohleofen (ab 18 TL) – teils an der Gasse, teils in einem ruhigen Gartenhof.

Zuhaus in Kaş – **Kaş'ım** 5: PTT Sok. 15, nahe dem Zentralplatz, Tel. 0242 836 20 52. Das familiäre Lokal hat ganzjährig geöffnet und wird viel auch von Einheimischen besucht. Zu günstigen Preisen gibt es eine typisch türkische Küche, dazu auch Pide aus dem Steinofen, ab 12 TL.

Schmorgerichte – **Yalı Restoran** 6: Bahçe Sok., Meydan. Das traditionelle Lokanta am Hauptplatz serviert leckere

Kaş

Uzunçarşı, die Souvenirmeile mit dem lykischen Sarkophag in Kaş

Schmorgerichte, wie man sie sonst nirgendwo in Kaş bekommt. Ab 12 TL.

Einkaufen

Das Angebot ist groß; schöne Souvenirläden (zum Teil fast schon kleine Museen) gibt es an der pittoresken Uzunçarşı Sokağı, die vom Hafen nach Osten zum lykischen Löwen-Sarkophag (Lion Tomb) emporsteigt.

Antiquitäten – **Turqueria** 1: Uzuncarsi Sok. 21. Maritime und andere Antiquitäten bis zu osmanischer Zeit, darunter eine exquisite Auswahl an Karagöz-Puppen aus dem türkischen Schattenspiel. Aber Achtung: Ausfuhrgenehmigung abklären (S. 18).

Buntes Flair – Sehr lebendig geht es freitags beim **Wochenmarkt** 2 neben der Busstation an der D400 zu.

Ausgehen

Rock-Kneipe – **Mavi Bar** 1: am Hafen, Tel. 0242 836 18 34. Die von italienischen Grunge-Fans betriebene Bar mit den markanten bunten Stühlen spielt vor allem Rock und Metal.

Schon mal gehört – **Deja Vue Bar** 2: Hükümet Cad., über dem östlichen Hafenkai. Hier hört man vor allem Oldies der 80er – auf der Dachterrasse mit freiem Blick auf den Sonnenuntergang über dem Hafen.

Zum Chillen – **Hideaway Bar** 3: Cumhuriyet Meyd. 16/A. Versteckt in lauschigem Gartenhof am Hafenplatz,

Fethiye und die lykische Küste

coole Bar mit Musik aus fünf Jahrzehnten, auch viel 70er. Es gibt Cocktails, Mojitos, Margeritas etc. und auch einige Snacks.

Jazz live – **Echo Bar** 4: Liman Sok., westliche Hafenseite hinter der Moschee. Neben einer festen Band spielen hier bis ca. Ende September oft auch Gastmusiker, Programm auf www.echocafebar.com.

Für Spätsumpfer – **Red Point Bar** 5: Zümrüt Sok., rechte Seitengasse am Weg vom Hafen zur Post. Die Bar in einem traditionellen Haus wird nach 23 Uhr zum Treffpunkt der späten Nachtschwärmer. Mit kleiner Tanzfläche.

Infos

Info-Büro am Hafenplatz.
Internet: www.kas-tuerkei.de (dt.): Hotels, Tauchen, Paragliding, Ausflüge. www.xanthostravel.com: Ausflüge, Seakayaking, Blaue Reise.
Busse: Busstation am Dorfeingang. Für Patara nimmt man den Bus nach Gelemiş, für Kaputaş den nach Kalkan.
Feste: Lykia Festival im Juni mit Volkstanz im antiken Theater.
Saisonabschluss: am Tag der Republik (Cumhuriyet Bayramı); große Feier abends am Atatürkplatz mit Musik.

Ziele in der Umgebung

Patara S. 43, Xanthos S. 42, Myra (direkt 4) S. 51.

Kekova (▶ G 8): Täglich 9.30/10 Uhr fahren vom Hafen in Kaş verschiedene Ausflugsboote zur Insel Kekova östlich von Kaş. Dabei werden die Unterwasserruinen der ›Sunken City‹ gezeigt (Badegelegenheit), im malerischen Dörfchen Kaleköy gibt es Mittagessen. Anschließend kann man auf den Hügel mit Ruinen des antiken Simena und einer Johanniterburg steigen. An der Festlandküste liegt das Dorf Üçağiz mit den Gräbern des antiken Teimiussa (auch von dort Überfahrt nach Kekova möglich).

Kastelorizo (▶ F 8): Die kleine Insel vor der Küste (türk. Meis Adası) gehört immer noch zu Griechenland. Zur Jahrhundertwende war der pittoreske Inselort Megisti die größte Stadt der lykischen Küstenregion. Zweimal pro Woche fährt ein Boot hinüber (Personalausweis genügt). Bei der alten Moschee nahe dem Anleger kann man baden, dahinter erreicht man das kleine Inselmuseum zu Stadtgeschichte und eine kleine Burg. Rechts vom Anleger reihen sich die Tavernen am Uferkai, wo man sehr idyllisch einkehren kann.

Tauchen in Kaş

Unter Tauchenthusiasten gilt Kaş als die beste Adresse in der Türkei. Allzu heftiger Massenbetrieb aus All-in-Anlagen fehlt, was die Preise günstig hält, zum anderen bieten die Küstengewässer etliche spektakuläre Tauchziele. Tauchbasen wie das Kas Diving Center und das Likya Diving Center sind auf Profi-Taucher als Kundschaft ausgerichtet und führen zu Riffs, Steilwänden, Unterwasserhöhlen und Schiffswracks (auch zu einer Ju 52). Sogar einen Skulpturenpark unter Wasser gibt es. Außerdem immer wieder antike Reste – doch die sind strengstens tabu. Im Ort treffen sich zahlreiche junge Taucher; spezialisierte Veranstalter wie SAM oder Roscher haben Kaş im Programm.
Gute Tauchschulen im Web: www.likya diving.de, www.kas-diving.com, www.mavidiving.com, www.barakuda-kas.de. Alle vermitteln auch Unterkünfte.

4 | Das Haus vom Nikolaus – Myra und Andriake (Demre)

Karte: ▶ G 8 | **Dauer:** Tagesausflug mit Mietwagen plus Badestopp

Das heutige Städtchen Demre, das die Küstenebene mit Hunderten von Gewächshäusern regelrecht zudeckt, war in der Antike eine Großstadt und hieß damals Myra. Im frühchristlichen 4. Jh. lebte hier der hl. Nikolaus als Bischof. Seine Kirche ist heute ein beliebtes Ausflugsziel europäischer Touristen.

In der Kaiserzeit wurde die lykische Stadt Myra mit dem Hafen Andriake als Zwischenstation für den Getreidehandel reich. Da regelmäßig die römischen Schiffe aus dem Osten anlegten, machte auch der Apostel Paulus auf seiner Fahrt nach Rom in Andriake Station. Über das wirkliche Leben des hl. Nikolaus, der hier zwischen ca. 300 und 350 n. Chr. Bischof war, gibt es wenige Informationen. Neben allerhand mildtätigen Gaben und Wundern wird auch erzählt, er habe während der Heidenverfolgungen unter Kaiser Constantinus II. eigenhändig den Artemis-Tempel in Myra zerstört. Schon bald nach seinem Tod wurde Myra ein berühmtes Pilgerziel, eine große Basilikakirche entstand über dem Grab. Nikolaus' Karriere zum ›Weihnachtsmann‹ begann schließlich, als die Normannen die Gebeine im 11. Jh. nach Bari brachten und sich der Kult über ganz Europa verbreitete. In der orthodoxen Kirche spielt er dabei, als dritter Fürbittheiliger neben Christus und Maria, eine noch größere Rolle als in Westeuropa.

Die Nikolauskirche

Die Basilika **Aya Nicola Kilisesi** [1] liegt westlich vom Hauptplatz von Demre, teilweise mit einem Schutzdach überdeckt. Sie vereint verschiedene Baustufen aus byzantinischer Zeit. Eine Kirche des 6. Jh. wurde im 8. Jh. mit einer vierschiffigen Basilika überbaut, die kurz nach 1000 grundlegend erneuert

Fethiye und die lykische Küste

wurde. 1863 bezahlte Zar Alexander II. erste Grabungen und ließ die Kirche teilweise wiederherstellen.

Vor dem Kirchenbau, dessen Mauern tief unter das heutige Bodenniveau reichen, steht seit einigen Jahren eine Statue des heiligen Nikolaus mitsamt einigen beschenkten Kindern. Im Inneren beeindrucken zunächst die mächtigen Mauern und die Mosaiken des Fußbodens in verschiedenfarbigen Steinen. In den oberen Bereichen der Wände, die nicht von den Schlammmassen des Myra-Flusses (Demre Cayı) bedeckt waren, sind noch gemalte Heiligendarstellungen erhalten. In der runden Apsis des Mittelschiffs erkennt man ein Synthronon, gestufte Sitzreihen, auf denen der Bischof und die Diakone Platz nahmen. Hier hat der orthodoxe Patriarch Bartolomäus II. zuletzt am 6. Dezember 2007 eine Messe gefeiert.

Im zweiten Seitenschiff rechts wird die letzte Ruhestätte des hl. Nikolaus gezeigt: ein Säulensarkophag mit aufgebrochener Seitenwand und einer Liegefigur auf dem Deckel. Vielleicht war dies der Sarkophag, durch den man damals Öl über die Gebeine fließen ließ, das dann unter dem Namen Myron als Heilmittel verkauft wurde. Andere Forscher vermuten eher den Rankensarkophag im mittelalterlichen Anbau direkt südlich als Grab des Heiligen.

Theater und Nekropole

Von der antiken Stadt, die einst zu den sechs führenden Orten des Lykischen Bundes zählte, blieb nur noch das **römische Theater** [2] erhalten, das 141 n. Chr. nach einem Erdbeben aufwendig erneuert worden war. Der Rest der antiken Stadt liegt unter den vom Demre Cayı angeschwemmten Geröllmassen begraben.

Insgesamt zählt das Theater zu einem der schönsten und am besten erhaltenen der Türkei. Das eindrucksvoll dekorierte Bühnengebäude hat sich noch bis zum 2. Stock erhalten. Die Zuschauerränge sind noch annährend im Originalzustand, selbst die Eingangsflure zwischen Bühne und Sitzreihen blieben überdacht. Mächtige Quadermauern säumen die hohen gewölbten hinteren Zugänge, die zu den oberen Rängen führen. Die schönen Marmorfriese des Bühnengebäudes lagern gereinigt vor der Anlage – man erkennt Theatermasken und Gladiatorenszenen. Auch sonst sind fast alle Steine noch vorhanden, um den Bau komplett wieder aufzubauen.

Besonders berühmt sind die prächtigen lykischen Felsgräber in den Hängen westlich des Theaters, die sog. **See-Nekropole** [3]. Die Scheinfassaden der lykischen Gräber sind schon von weitem sichtbar. Über den steilen Hang ziehen sich dicht an dicht Gräber des Haustyps, ganz links außen sogar auch ein freistehendes, an dem die nachgeahmte Holzkonstruktion besonders deutlich wird. Manche Gräber sind mit Kriegerreliefs oder Totenmahlszenen verziert. An geschützten Stellen blieben noch Reste der einstigen blauen und roten Bemalung erhalten, doch kann man den Hang heute aus Sicherheitsgründen nicht mehr erklettern.

Der Andriake-Strand

Der Hafen von Myra, heute **Çayağzı** genannt, liegt westlich an der Küste 5 km vom Zentrum entfernt. Sarkophage und Ruinen säumen die Straße zum feinsandigen Strand, der noch kaum touristisch erschlossen ist. Am linken Talhang ist eine Platzanlage mit dem **Horreum Hadriani** [4], einem unter Kaiser Hadrianus erbauten Kornspeicher, freigelegt worden. Vom Kai an der Flussmündung starten auch Bootstouren zur Insel Kekova (S. 50).

4 | Myra und Andriake

Baden kann man auch an der Küste südlich vom Zentrum, am einsamen Sülüklü-Strand oder beim Taşdibi-Kap – zu beiden fährt man durch dicht gestaffelte Gewächshausareale.

Ein Abstecher könnte zur kleinen antiken Siedlung **Sura** 5 führen, 2,5 km mit der Straße nach Kaş in den Bergen gelegen. Hier sind lykische Sarkophaggräber und ein römisches Grabhaus in eine karge, wilde Naturlandschaft eingebettet. Südlich der Akropolis-Höhe lag ein berühmter Apollon-Tempel mit einem geheimnisvollen Fischorakel.

Infos
Nikolaus-Basilika: tgl. 8–18 Uhr, im Sommer bis 19 Uhr, Eintritt 20 TL.
Theater und Felsgräber: tgl. 8–17, im Sommer bis 19 Uhr, Eintritt 15 TL.

Schöne Rastplätze
Die großen Lokale bei den Felsgräbern sind auf die Abfertigung der Ausflugsbusse eingerichtet und servieren bewährte Grill-Klassiker. In der Stadt gibt es typisch türkische Lokanta, z. B. **Ipek** 1, etwa 100 m vor der Nikolaus-Kirche, oder **Damla** 2, nahe der Tankstelle an der D400. Dort bekommt man gute türkische Küche vom Grill, dabei stets auch leckere Schmorgerichte.
Auch am Andriake-Strand kann man essen, z. B. im **Calpan** 3, hier natürlich auch Fisch.

Krabbenrestaurants am See
Ein schöner Abstecher ist auch die zur Fischzucht genutzte **Beymelek-Lagune**, 3 km östlich an der Straße Richtung Finike, wo man in einfachen, romantischen Uferlokalen wie dem **Kaya** 4 Fisch oder *mavi yengeç* (Blaukrabbe) essen kann. Diese Spezialität, lat. *Callinectes sapidus,* hat einen bis zu 20 cm breiten Panzer und zartes, weißliches Fleisch. Schön ist auch das **Tutku** 5 am Strand kurz vor der Lagune.

Übernachten
Unterkunft der unteren Mittelklasse (2*-Niveau) bietet z. B. **Kekova Grand Hotel** 1, Mustafa Masatlı Cad., Tel. 0242 871 45 15, DZ/F um 120 TL. Das Kastenhotel von 1995 nahe der PTT am östlichen Ortsrand besitzt auch ein Restaurant und eine Bar.

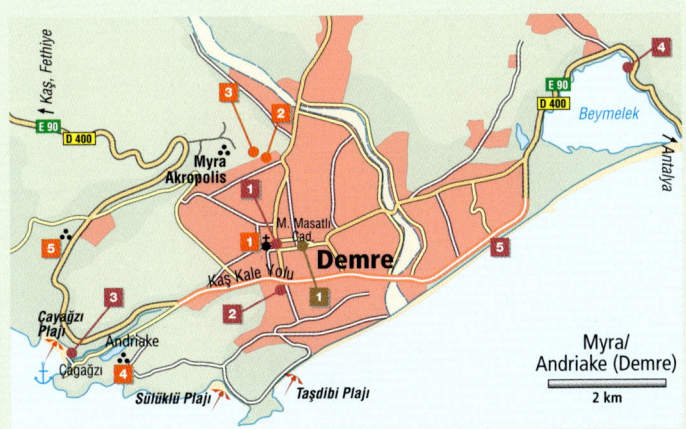

Myra/Andriake (Demre)

Am Golf von Antalya

Kemer ▶ H 7

Es war einmal ein Fischerdorf, das mit einem Millionen-Dollar-Kredit der Weltbank zum Ferienzentrum ausgebaut wurde – und das ist Kemer. Heute säumen Hotels nur vom Feinsten die gesamte Küste von Beldibi und Göynük im Norden bis hinter Çamyuva und Tekirova im Süden, der Tourismus ließ die Einwohnerzahl auf mittlerweile 36 000 steigen. Kemers Zentrum ist heute mit zahlreichen Restaurants und berühmten Disco-Clubs eine der größten Partymeilen der Südküste; auch viele Leute aus Antalya kommen hierher. An der modernen Fußgängerzone zum großen Yachthafen reihen sich unter schattigen Arkaden die Modeboutiquen.

Die Küste mit zahlreichen langen Sand- und Kieselstränden ist aber immer noch schön, zumal das waldreiche **Beydağları-Gebirge** unter Naturschutz steht. Es steigt direkt vom Meer aus bis auf 3000 m empor und wurde in der Antike von den hier siedelnden Griechen Olympos genannt. Insgesamt ist die Kemer-Region eines der besten Feriengebiete der Türkei, das inzwischen viel von Gästen aus den ehemaligen Sowjetrepubliken besucht wird.

Yörükü Parkı [1]
Eine Art Museumsdorf auf der schmalen Halbinsel hinter dem Hafen neben dem Moonlight Park. Mit lebensgroßen Figuren wurde ein Lager (Oba) einer Nomadenfamilie der alten Zeit nachgebaut. So lebte man hier in den 1970er-Jahren noch.

Strände
Der kieselige **Ortsstrand** vor den Hotels (nördl. der Marina) ist gepflegt, aufgeteilt in Beach Bars; es gibt mehrere Wassersportzentren. Schön flach ins Meer abfallend ist der Sand-Kiesel-Strand am **Ayşığı Beach.** Siehe auch Ziele in der Umgebung.

Übernachten
Die Luxushotels aus den Katalogen (ein Überblick: www.kemerhotels.net) bucht man besser pauschal, für Laufkundschaft sind sie unbezahlbar. Es gibt aber Alternativen:

Mit Sauna – **Felice** [1]: Atatürk Cad. 47, Ortsausgang nach Süden, Tel. 0242 814 45 61, www.booking.com, DZ/F ca. 120–220 TL. Moderne, überschaubare Anlage mit Sauna, Fitnessraum, Pool und Bar, angenehme Zimmer. Zum Strand geht man ca. 900 m.

Apartments – **Naturella** [2]: 102. Sokak 14, Tel. 0242 814 45 15, www.booking.com, DZ/F 110–180 TL, Apt. 150–250 TL. Familiäres Hotel am westlichen Stadtrand, ruhig gelegen am Wald. Helle Zimmer mit viel Holz, netter Service, Pool, Restaurant.

Mit Pferden – **Berke Ranch** [3]: Akçasaz Mevkii, Kuzdere Yolu, Çamyuva, Tel. 0242 818 03 33, www.hotelberkeranch.com, DZ/HP ca. 300 TL, 1 Woche inkl. Trailreiten/HP um 900 € pro Pers. im DZ. Ruhig gelegenes Hotel mit Pfer-

Kemer

Sehenswert
1. Yörükü Parkı

Übernachten
1. Felice
2. Naturella
3. Berke Ranch

Essen und Trinken
1. Sailors Restaurant
2. Pirate Captain
3. Casa de Flor

Ausgehen
1. Moonlight Garden
2. Club RedRoom
3. Club Aura
4. Club Inferno

Sport und Aktivitäten
1. Octopus Dive Center

dehof, Zimmer im Country-Stil. Angeboten werden Trailritte in Gruppen oder Reitunterricht. Liegt 7 km von Kemer-Zentrum und 4 km vom Meer entfernt.

Essen und Trinken

Meeresfrüchte – **Sailors Restaurant** 1: Kemer Marina, Tel. 0242 814 14 90. Gepflegtes Restaurant mit guter internationaler Küche, Schwerpunkt Fischgerichte, aber auch Steak und Pizza. Abends oft Livemusik, schön auch auf einen Kaffee an der Marina oder nur einen Sundowner mit Blick auf die Masten. Hauptgerichte um 29–45 TL, Fisch ab 35 TL, Campari Soda 21 TL.

Piratenflair – **Pirate Captain** 2: Liman Cad. 36/B, Tel. 0242 814 37 30. Unter den riesigen Masken der Piraten aus Fluch der Karibik wird eine internationale Küche serviert, dazu gibt es eine schöne Auswahl exotischer Cocktails. Wie ein Piratenschiff ist die Bar konstruiert. Fast immer voll! Hauptgerichte um 30 TL.

Italienisch – **Casa de Flor** 3: Atatürk Cad. 41/B, Tel. 814 29 97. Abseits der Hauptmeile bekommt man hier eine ordentliche italienische Küche zu eher moderaten Preisen. Pasta um 20 TL.

Ausgehen

Beach Park – **Moonlight Garden** 1: am Ayşığı-Strand. Ein Freizeitpark unter Kiefern, der vom Restaurant bis zur Minigolfbahn alles bietet. Für seine Schaumpartys und GoGo-Girls berühmt ist der **Club RedRoom** 2.

Disco Strip – Am Ende des Stadtstrands nach Norden liegt die **Club-Meile** von Kemer. In der Saison, wenn genug Partyvolk da ist, kommt richtiges Ibiza-Flair

Am Golf von Antalya

Wasserski vor der Kemer-Küste

auf. Allerdings ändern sich die Namen häufig. Zuletzt angesagt waren **Aura** 3 (www.auraclub.com, Deniz Cad. 3) und **Inferno** 4 (www.infernoclub.net, Deniz Cad. 1). Im Sommer fahren nachts Minibusse vom Belediye-Platz.

Sport und Aktivitäten
Tauchen – **Octopus Dive Center** 1: Park Kemer Marina, Tel. 0532 454 43 18 (Ali, spricht auch Deutsch), www.octopus-kemer.com. Kurse und Ausfahrten, z. B. zur Kiriş Cave Bay mit mehreren Höhlen oder zu zwei Wracks.
MTB – Geführte **Langstreckentouren** ab Kemer durch das lykische Bergland bucht man vor der Reise über www.seb-tours.de.

Infos
Tourist Information: im Belediye-Gebäude am Hafen, Tel. 0242 814 15 37.

Internet: www.visitkemer.org (engl.), www.kemer-tr.info (deutsch, geschrieben von und für die Generation 50+), www.antalya-kemer.bel.tr (türkisch).
Kemer Underwater: im Mai, Veranstaltungen rund ums Tauchen, www.kemerfest.net.
Altın Nar Festival: im Juni; beim Granatapfelfest treten bekannte türkische Stars im Kemer Stadion auf, 2015 z. B. Kenan Doğulu.
Busse: Intercity-Busstation an der D400, ab Dolmuşstation bei der Post viertelstündlich Minibusse nach Çamyuva, Tekirova, Beldibi und Antalya.

Ziele in der Umgebung
Antalya: S. 60, **Göynük Canyon:** (direkt 5 ▶) S. 58.
Phaselis (▶ H 7): 12 km südlich von Kemer an der Straße nach Kumluca; von Kemer aus fahren auch Ausflugsboote, Eintritt 10 TL. Eine der idyllischsten Rui-

nenstädte der Türkei. Unter Pinien verstecken sich Reste von Aquädukt, Agora, Theater und dem Hadrianus-Tor, zwei unbebaute Buchten laden zum Bade.
Olympos (▶ H 8): Ca. 37 km von Kemer, Eintritt 10 TL. Antike Stadt beim Dörfchen Çıralı (Anfahrt ausgeschildert), die Anfang des 1. Jh. v. Chr. als Seeräubernest berüchtigt war. Der Wald zwischen den Bauresten wurde jetzt abgeräumt, manches restauriert, über Pfade sind zu beiden Seiten des Flusses, eine Ladenstraße, ein großes hellenistisches Tempeltor, ein Theater, gepflasterte Straßen und weitere Tempel zu entdecken. Auf jeden Fall lohnt der unbebaute Strand einen Ausflug.

5 km nördlich von Çıralı liegen die ›Brennenden Steine‹ von **Yanartaş.** So nennen die Türken den mythischen Platz, wo nie verlöschende Methangasflammen aus der Erde schlagen. In der Antike sagte man, hier habe der Held Bellerophontes die **Chimaera**, ein Feuer speiendes Ungeheuer, getötet (Eintritt 5 TL, am besten bei Dämmerung, aber an Taschenlampe/Smartphone für den Rückweg denken!).

Rhodiapolis (▶ H 7): Über Kumluca, ein modernes Städtchen mit pittoreskem Freitagsmarkt,, erreicht man im Inland (2,5 km) das antike Rhodiapolis. Die Ruinen liegen auf den Anhöhen hinter dem Dörfchen Sarıcasu und werden derzeit von Archäologen der Akdeniz-Universität in Antalya ausgegraben. Rhodiapolis wurde gegründet als Kolonie der Insel Rhodos und war Mitte des 2. Jh. n. Chr. als Heimat des Opramoas berühmt, der als oberster Beamter des Lykischen Bundes viele seiner Städte mit reichen Stiftungen bedachte. Erhalten blieben ein Theater sowie Ruinen von Thermen, einer Stoa, eines Asklepios-Tempels und einer Basilika. 2010 wurden ein Stadttor und das Denkmal (Cenotaph) für Opramoas freigelegt.

Limyra (▶ G 8): Bei Finike (67 km) Richtung Elmalı, dann nach 1 km zum Weiler Hasyurt abbiegen. Im 4. Jh. hatte hier Perikles (lyk. Pirekli), der mächtigste Fürst von Lykien, seine Residenz. Gegenüber dem Parkplatz am Tor der Unterstadt liegt das große Theater. Etwas westlich führt ein Pfad durch Granatapfelhaine zu den lykischen Sarkophag-Gräbern am Hang auf; ganz oben (300 m) liegt das Grabmonument des Perikles, von dem aber wenig blieb (Friese im Museum von Antalya, S. 66). Schön die Aussicht auf die Mauerreste der Unterstadt, wo der Grabtempel zu Ehren von Gaius Caesar, einem Enkel von Kaiser Augustus, freigelegt ist.

Arykanda (▶ G 7): Von Finike 35 km Richtung Elmalı bis zum Dorf Arif; dort steile Auffahrt nach rechts (1 km), Eintritt 5 TL. Die antike Stadt Arykanda im bergigen Hinterland ist eine der idyllischsten des alten Lykien.   ▷ S. 60

Forellenrestaurants in Ulupınar

Wenn man von Kemer Richtung Süden nach Olympos oder Kumluca fährt, ist linker Hand **Ulupınar** (▶ H 7) ausgeschildert. Ursprünglich war es nur ein Dorf mit kaum einem Dutzend Häusern, heute liegen hier versteckt und idyllisch im dichten Wald einige schöne Forellenrestaurants. Wenn man ins Tal hinunterfährt, ist das **Botanik Restaurant** ausgeschildert: eine riesige Zuchtstation mit gewaltigen Becken und einem schön schattigen Ausflugslokal, wo man Forelle isst, entweder geräuchert oder frisch vom Grill. Ein hübscher Ausflug am frühen Abend!

5 | Wanderung durch den Göynük Canyon

Karte: ▶ H 7 | **Dauer:** Halbtagesausflug, mit Seilbahnfahrt ein ganzer Tag

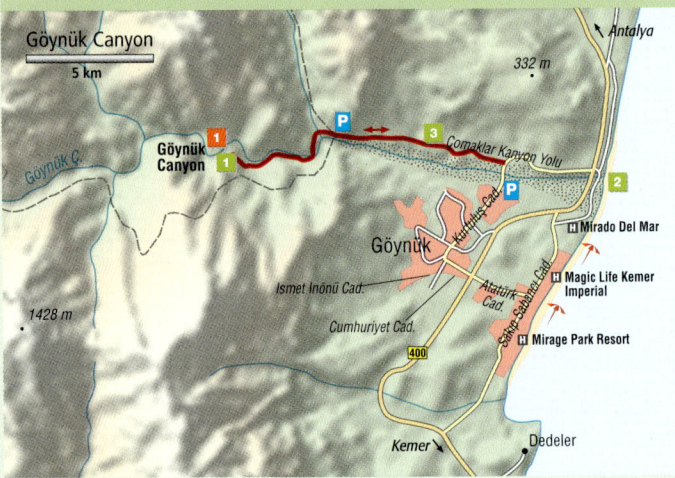

Das Beydağları-Gebirge bei Kemer ist eine wunderschöne alpine Landschaft, ein Paradies für Outdoor-Freaks. Auf keinen Fall darf man jedoch die Gefahren unterschätzen. Auch die Erkundung des Göynük Canyons erfordert Umsicht und Vorsicht, wenn man die Klamm durchqueren möchte.

Mit Sandalen in die Berge zu ziehen kann lebensgefährlich werden! Fast jedes Jahr sterben Touristen ohne korrekte Schutzkleidung im Canyon!

Hinter dem zumeist trockenen Geröllbett nördlich von Göynük (wenn man vom Meer schaut, rechts) biegt eine Straße ins Inland ab, die nach ca. 3 km in eine Schotterpiste übergeht und später das Flussbett durchfurtet. Dort parkt man, es gibt auch ein kleines Restaurant mit Info-Station und eine Zipline-Anlage, mit der man adrenalinträchtig über das Tal rasen kann.

Nach dem Tickethäuschen muss man den Bach auf einer ›Brücke‹ aus Trittsteinen kreuzen, bald danach steigt die Piste am Hang an, unterhalb plätschert weiter der Bach. Das Flusstal wird bald schmaler, man folgt dem Tal durch unberührte Landschaft. Schließlich steigt man auf Holztreppen zum Göynük Canyon ab, wo die Piste bei der Leihstation für Neoprenanzüge, Taucherstiefel und Helme endet.

Der folgende Weg durch den Canyon führt dann zumeist durchs Wasser, teilweise durch brusttiefe Tröge, entlang rundlich ausgewaschener, überhängen-

5 | Göynük Canyon

der Felsen. Das Wasser ist eiskalt, die Felsen teils glitschig – hier kann es zu gefährlichen Unfällen kommen, wenn man ausrutscht und ungeschützt an die Felsen schlägt. Man kann die Durchquerung zwar unproblematisch allein wagen, doch versprechen geführte Exkursionen mehr Spaß.

Infos
Göynük Canyon 1: Eintritt 10 TL. Organisierte Touren mit Ausrüstung bucht man z. B. über **Lukka Outdoor** 1 (Tel. 0242 824 84 73, www.lycian-adventures.com), Büro am Eingang zum Canyon.

Ein Badestopp
Direkt gegenüber vom Abzweig zum Canyon biegt eine Piste zum Strand ab. Fährt man dort links nach Norden, kommt man bald zu einem noch unbebauten Strandabschnitt. Die Straße, die zu dem schmalen **Kieselstrand** 2 führt, war übrigens früher die Hauptstraße zum Dorf Kemer, bevor der Tourismus begann.

Oder Klettern
Abenteuerlustige können auch den **Yüksek Parkur** 3 (Tel. 0531 231 25 26, www.yuksekparkur.com) besuchen, einen Kletterpark im Wald an der Straße zum Canyon. Es warten 7 Parcours in 2 bis 11 m Höhe mit unterschiedlichen Schwierigkeitsgraden.

Mit der Seilbahn auf den Gipfel
Während der Wanderung steht südlich der mächtige Gipfel des Tahtalı Dağı im Blick. Dort kann man mit einer Seilbahn, dem **Olympos Teleferik,** hinauffahren (www.tahtali.com). Zur Talstation biegt man 2 km vor Phaselis in die Berge ab (7 km). Der Blick über die Gipfel ist einfach grandios.

Durch die Engstelle der Göynük-Schlucht kann man nur waten

Am Golf von Antalya

Auf Terrassen unter einem Steilhang staffeln sich Ruinen von Thermen und Gymnasion, die Agora, darüber Theater und Stadion.

Antalya ▶ H 6

Die Hafenstadt vor der Bergkulisse des Taurus-Massivs verzeichnet das prozentual höchste Bevölkerungswachstum aller türkischen Orte: von ca. 70 000 in den 1970er-Jahren ist die Einwohnerzahl auf über eine Million gestiegen. Neubauquartiere umwuchern nun die romantische Altstadt mit ihren osmanischen Holzhäusern, die sich auf einem Felsplateau über dem idyllischen Hafen erstreckt. Zugleich ist Antalya eine der ›westlichsten‹ Städte der Türkei, mit einer modernen Jugend, die das mediterrane Flair der Boulevards und die Teegärten am Hafen zu genießen weiß.

In den letzten Jahren wanderten viele Touristen, abgeschreckt vom Großstadtgetümmel, in die großen Luxushotels am Lara-Strand und im Vorort Kundu ab; so hat sich auch das Schlepperunwesen etwas beruhigt. Antalya ist nun wieder ein echter Geheimtipp für Individualisten. Neben einem Rundgang durch die schöne historische **Altstadt** 1 – 6 (direkt 6| S. 62) sollte man auch das **Antalya-Museum** 14 (direkt 7| S. 66), eines der wichtigsten der Türkei, besuchen.

Kaleiçi Museum 7

Kocatepe Sok. 25, Do–Di 9–12, 13–17 Uhr, www.kaleicimuzesi.com

Suna und İnan Kıraç, Tochter und Schwiegersohn des schwerreichen Industriellen Koç, haben ein Ensemble schöner Altstadthäuser, sog. Konaks, restauriert und hier ein ethnologisches Museum gestiftet, das das Alltagsleben im Anwesen eines reichen Paschas des 19. Jh. darstellt.

Der schönste Hafen der Türkei: Antalya

Antalya

Atatürk Caddesi 8
Der von Palmen beschattete Boulevard, der sich entlang der alten Stadtmauer hinzieht, ist eine beliebte Flaniermeile. In den modernen Lokalen und Boutiquen trifft man die besser gestellte Jugend der Stadt. Zahlreiche großzügige Gartenlokale bieten heute Kaffeespezialitäten und Wasserpfeife, aber keinen Alkohol mehr an.

Karaalioğlu Park 9
Der Stadtgarten von Antalya mit subtropischer Vegetation und großen Springbrunnen. Hier findet man schöne Teegärten, Kinderspielplätze und auch eine Badestelle. Am Nordende steht der der **Hıdırlık Kulesi,** ein römischer Leuchtturm.

Yukarı Düden Şelalesi 10
10 km vom Zentrum, Eintritt 5 TL
Bei den ›Oberen Düden-Fällen‹, wo der Fluss über eine 40 m hohe Stufe stürzt, gibt es einen großen, idyllisch grünen Picknickpark. Treppen, Brücken und Wege erschließen das Areal; durch Gänge in den Felsen kann man sogar hinter den Fall gelangen.

Antalya Aquarium 11
Dumlupınar Bulv., tgl. 10–20 Uhr, Eintritt 29 US-$, unter 13 Jahren 22 US-$. Bus KC05 ab Cumhuriyet Meydanı.
Das Aquarium mit dem laut Prospekt längsten Unterwasserglastunnel der Welt bietet Blicke in eine faszinierende Unterwasserwelt. Man kann auch mit Haien und Rochen schwimmen und sogar in der Snow World Schneeballschlachten machen.

Strände
Lara im Osten und **Konyaaltı** im Westen sind die beiden großen Strände von Antalya; vor allem in Lara stehen viele Luxushotels mit direktem Strandanschluss. Diese Strandbebauung setzt sich fast lückenlos über die Region **Kundu** bis nach Belek (S. 70) fort.

Am Altstadthafen liegt, eingezwängt zwischen Felsen, das **Mermerli Banyo** 12, der winzige ›Stadtstrand‹ mit Badeplateaus und Verleih von Sonnenliegen (Eintritt 8 TL/Pers.). Ein zweites kleines Strandbad ist das **Adalar Banyo** 13 im Karaalioğlu-Park.

Der **BeachPark** 1 am Konyaaltı-Strand (Dumlupınar Bulv.) ist eine Bade- und Partyanlage der Superlative: 3 km Küste, 35 Beach Clubs, 36 Restaurants und eine **Openair-Arena** für 35 000 Leute. Dazu gibt es das Spaßbad **Aqualand** mit tollen Rutschen und das **Delfinaquarium,** in dem man mit Delfinen schwimmen kann. Ein Paintballgelände, eine Minigolfanlage und ein Abenteuerspielplatz komplettieren das Angebot. Im Areal liegt zudem das **Hotel Hillside Su,** eines der schönsten Designhotels der Welt.

Übernachten
Die Luxushäuser am Lara-Strand und in Konyaaltı sollte man nur pauschal buchen. In der Altstadt wohnt man besonders romantisch. Dort gibt es viele kleine Pensionen, teils einfach und günstig, teils edel und teuer.

Edel – **Mediterra Art** 1: Zafer Sok. 5, Tel. 0242 244 86 24, www.mediterraart.com, DZ/F 180–380 TL. Edel renoviertes Hotel in ruhiger Lage mit Mini-Pool und geschmackvoller Ausstattung. 44 Zimmer und einige Suiten.

Netter Service – **White Garden** 2: Fırın Sok., Tel. 0242 244 10 60, www.booking.com, DZ/F um 200 TL. Schön renoviertes Altstadthaus, hübsche Zimmer im türkischen Stil. Gutes Frühstücksbuffet im Gartenhof, ▷ S. 64

6 | Osmanisches Flair – die Altstadt von Antalya

Cityplan: S. 64 | **Dauer:** Eine Tagestour zu Fuß mit vielen Stopps

Die Altstadt von Antalya, türkisch Kaleiçi genannt, entspricht jener Siedlung, die König Attalos II. von Pergamon 158 v. Chr. gründete. Heute ist sie ein wunderbares Gesamtkunstwerk aus antiken und mittelalterlichen Mauern, mit einer fast vollständig erhaltenen Bebauung aus Holzhäusern der osmanischen Epoche.

Startpunkt soll der historische Uhrturm (Saat Kulesi) sein, die Schnittstelle zwischen der modernen Fußgängerzone und der Altstadt. Auf dem Platz hier hat man jüngst dem König Attalos II. ein Denkmal errichtet, das ihn in Philosophentracht zeigt. Der Turm ist ein Teil der alten hellenistischen Stadtmauer, die entlang der Cumhuriyet Caddesi nach Westen und der nach Osten führenden Atatürk Caddesi verläuft. Sie wurde im 13. Jh. von den Seldschuken mit Steinen des antiken Phaselis erneuert und ist bis heute in weiten Abschnitten noch intakt.

Rund um das gerillte Minarett
Das **Yivli Minare** 1 (›Gerilltes Minarett‹) wurde um 1220 von den Seldschuken nach der Eroberung der Stadt als Siegesmonument erbaut und ist heute das Wahrzeichen Antalyas.

Direkt daneben liegt die **Ulu Cami** (›Große Moschee‹), die erste Hauptmoschee der Stadt, die auf eine christliche Basilika zurück geht. Davor lag die **Yıkık Medrese**, eine Art Universität, die mit Glas und Stahl sehr modern rekonstruiert wurde – jetzt werden dort alttürkische Handwerksprodukte verkauft. Die kleine **Nigar Hatun Türbesi** hinter der Moschee entstand 1502 als Grabmal für eine Frau des Osmanen-Sultans Beyazıd II., deren Sohn, Prinz Korkud, damals Gouverneur von Antalya war.

6 | Antalyas Altstadt

Der **Mevlevihane** 2, ein Konvent der Tanzenden Derwische aus dem 15. Jh., wird heute für Ausstellungen genutzt. Gleich daneben steht die große achteckige **Mehmet Bey Türbesi**, ein Grabbau für einen Emir von Antalya, der heute noch von der einfachen Bevölkerung als Heiliger verehrt wird.

Am Hafen

Souvenirläden säumen den Weg hinunter zum **Hafen**, in dem heute Yachten und Ausflugsboote ankern. Zahlreiche Cafés, Restaurants und Music Bars sorgen dort Tag und Nacht für Stimmung.

Hinter der kleinen Hafenmoschee steigt eine Treppe wieder zur Altstadt hinauf. Links liegt das Areal der **Tekeli Konakları**, in osmanischer Zeit die Residenz der Paschas von Antalya. Nach rechts geht man entlang der Hafenmauern bis zur Uzun Çarşı Sokağı, früher die Marktgasse, heute reihen sich hier Restaurants und Music Bars. Die Straße endet bei der **Tekeli Mehmet Paşa Camii** 3, der Moschee eines Tekeli-Statthalters aus dem 18. Jh.

Zum Hadrianus-Tor

Nun weiter über die Paşa Camii Sokağı; dort zeigt und verkauft der **Orient Basar** 1 (Nr. 26) schöne Antiquitäten (auf Ausfuhrvorschriften achten, S. 18). Mit der Hadi Efendi Sokağı erreicht man die **Hesapçı Sokağı**: das war früher die Hauptstraße Antalyas. Marmorgepflastert führt sie nach links zum **Hadrianus Kapısı** 4, einem prachtvollen Stadttor an der Atatürk Caddesi, erbaut um 130 n. Chr. für den Besuch des römischen Kaisers Hadrianus.

Abstecher zur Küste

Nach rechts herunter kommt man zum **Kesik Minare** 5, dem ›Abgeschnittenen Minarett‹. Dahinter liegt die Ruine einer dreischiffigen Basilika aus dem 5. Jh. Der Kirchenbau wurde unter den Osmanen in eine Moschee umgewandelt und im 19. Jh. durch einen Brand, bei dem auch der obere Teil des Minaretts herabstürzte, zerstört. Ursprünglich war der Bau ein antiker Tempel.

Weiter an der Küste erreicht man den **Hıdırlık Kulesi** 6, einen römischen Turm, der ursprünglich als Leuchtturm diente. Von hier aus kann man durch den Karaalioğlu Parkı (S. 61) zur Atatürk Caddesi (S. 61) gehen und mit ihr – vorbei an der alten Stadtmauer auf der einen und schicken Boutiquen auf der anderen Seite – zum Uhrturm zurückkehren. Alternativ nimmt man für zwei Stationen die Tram.

Mit mehr Zeit ...

kann man noch das schöne **Kaleiçi Museum** 7 in der Kocatepe Sok. zur türkischen Lebenskultur im alten Antalya besuchen (S. 60).

Mal Pause machen

Einkehren kann man in der Altstadt an jeder Ecke. Mit besonders schöner Aussicht sitzt man im **Tophane Çay Bahçesi** 1, dem Teegarten unterhalb des Cumhuriyet Meydanı. Ein beliebter Treffpunkt ist das **İskele Cafe** 1 am Kai direkt vor den ankernden Ausflugsbooten (Hauptgerichte 25–45 TL). Wer eines der alten Antalya-Häuser hautnah erleben möchte, geht ins **Sirri Restaurant** 2 an der Uzun Çarşı Sok., das türkische Küche im Innenhof eines noch orginalen Konaks serviert.

Einkaufstipp

Bei **Turkuaz Seramik** 2, Uzun Çarşı 9/B, bekommt man wunderbare, handgefertigte Kütahya-Keramik nach alten osmanischen Mustern.

Antalya (Stadtplan s. Faltplan Rückseite)

Sehenswert
1. Yivli Minare/Ulu Cami (Gerilltes Minarett)
2. Mevlevihane/Mehmet Bey Türbesi
3. Tekeli Mehmet Paşa Camii
4. Hadrianus Kapısı (Hadrianus-Tor) / Üç Kapılar
5. Kesik Minare
6. Hıdırlık Kulesi
7. Kaleiçi Museum
8. Atatürk Caddesi
9. Karaalioğlu Parkı
10. Yukarı Düden Şelalesi (Oberer Düdenfall)
11. Antalya Aquarium
12. Mermerli Banyo
13. Adalar Banyo
14. Antalya Museum

Übernachten
1. Mediterra Art
2. White Garden
3. Atelya
4. Antique Pansiyon

Essen und Trinken
1. İskele Cafe
2. Sirri Restaurant
3. Seraser Restaurant
4. Hisar Restaurant
5. Vanilla Lounge
6. Pupa Cafe
7. Dönerciler Sokak
8. Alara Restaurant
9. The BigMan

Einkaufen
1. Orient Basar
2. Turkuaz Seramik
3. Yenigün
4. Pikamo
5. Basar
6. Bindallı
7. Migros Shopping Center

Ausgehen
1. Tophane Çaybahçesi
2. Art Café / Public
3. Mr. Blues
4. Akdeniz Çiçek Pasajı
5. Club Ally
6. Plaza Cinemas

Sport und Aktivitäten
1. Beach Park
2. Sefa Hamam
3. Mithra Travel
4. Akdeniz Diving

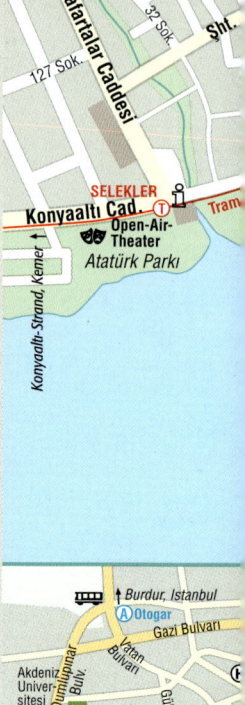

auch ein kleiner Pool. Angeschlossen sind auch die Hotels Hadrianus und Secret Palace, gleich nebenan.

Osmanisch – **Atelya Hotel** 3: Civelek Sok. 21, Tel. 0242 241 64 16, www.booking.com, DZ/F 200 TL. Stilvoll renoviertes Altstadthaus mit vielen osmanischen Erinnerungsstücken. Etwas plüschige Zimmer im türkischen Stil, besonders opulent die Sultanszimmer. Gartenhof mit Bar.

Charmant – **Antique Pansiyon** 4: Paşa Camii Sok. 28, Tel. 0242 242 46 15, www.booking.com, DZ/F um 160 TL. Ruhig aber doch zentral gelegenes Altstadthaus. Einfache Zimmer, mit Antiquitäten eingerichtet, schöner Garten.

Essen und Trinken

Viele romantische Restaurants gibt's in der Altstadt, aber auch im und um den Beachpark am Konyaaltı-Strand (Kasten S. 61) kann man gut essengehen.

Unter Palmen – **Seraser** 3: Karanlık Sok. 18, Tel. 0242 247 60 15, www.seraserrestaurant.com. In einem wunderschönen Altstadthaus tafelt man in Luxus-Ambiente eine vorzügliche mo-

derne Küche mit türkischer Inspiration. Dazu gibt's Piano-Musik live am Flügel. Hauptgerichte ab 30 TL, Flasche Wein ab 65 TL.

Toller Hafenblick – **Hisar** 4: Tophanealtı, Tel. 0242 243 41 53. In den mittelalterlichen Burggewölben unterhalb vom Cumhuriyet Meydanı gibt es feine türkische Küche mit gepflegtem Service. Das große Plus ist die Aussicht auf das Hafenrund. Zwei Gänge ab 45 TL, Fisch ab 30 TL, Flasche Wein ab 60 TL.

Schick – **Vanilla Lounge** 5: Hesapçı Sok. 33, nahe Kesik Minare, Tel. 0242 247 60 13. Antalya wird immer schicker. Das Vanilla serviert in modern-weißem City-Look türkische Küche mit internationalem Touch. Angeschlossen ist eine Bar mit Draußenterrasse. Hauptgerichte ab 25 TL, Flasche Wein ab 60 TL.

Familiär – **Pupa Cafe** 6: Paşa Cami Sok 3. Das Familienrestaurant bietet an seinen Tischen im Gartenhof eine ordentliche türkische Küche mit nettem Service ohne Schnickschnack. Hauptgerichte ab 20 TL.

Döner und mehr – **Dönerciler Sokak** 7: eine ›Fressgasse‹ pa- ▷ S. 68

7 | Götter und Kaiser – das Antalya Museum

Cityplan: S. 64 | **Dauer:** Ein halber Tag im Museum

Das große Museum von Antalya sollte man nicht verpassen. Die mit stimmungsvollen Lichteffekten präsentierte Sammlung zeichnet die gesamte Kulturentwicklung Anatoliens seit den Neandertalern nach. Prunkstück ist die Galerie der Götter von Perge: Lebensgroße Statuen von Göttern, mythischen Heroen und römischen Kaisern.

Das Museum ist in einem großen Gebäude von 1972 kurz vor dem Konyaaltı-Strand untergebracht: Auf 7000 m² wird eine ständige Ausstellung mit 5000 Kunstwerken gezeigt, 30 000 Stücke werden gelagert. Gezeigt werden Funde aus der ganzen Provinz Antalya, die die antiken Regionen Pamphylien, Lykien und Teile Pisidiens umfasst. Ein Saal am Eingang wurde als **Kindermuseum** gestaltet, das Gegenstände aus der kindlichen Lebenswelt der Antike zeigt, z. B. Hausaufgaben aus einer römischen Schule.

Frühe Kulturen

In **Saal I** beginnt man mit prähistorischen Funden aus der Neandertaler-Höhle von Karain und dem bronzezeitlichen Pithos-Grabfeld von Semahöyük bei Elmalı (15. Jh. v. Chr.). Dort wurden die Menschen in Urnen aus rotem Ton beigesetzt, die jetzt mitsamt den Gebeinen in einer Vitrine ausgestellt sind.

Saal II ist der frühen griechischen Epoche gewidmet: geometrische Keramik (9.–6. Jh. v. Chr., typisch ist die schwarze Zeichnung auf braunem Grund), archaische Vasen (7.–6. Jh. v. Chr., schwarze Zeichnung auf rotem Grund) sowie klassische Vasen (5. Jh. v. Chr., rote Zeichnung auf schwarzem oder weißem Grund). Neue Funde aus jüngeren Grabungen in der Provinz Antalya zeigt **Saal III**, z. B. aus Rhodiapolis, Andriake oder Patara.

7 | Antalya-Museum

Römische Zeit
Besonders beeindrucken in **Saal IV** die fast vollständige Galerie der Statuen römischer Kaiser (2. Jh. n. Chr., u. a. Hadrianus, Trajanus, Septimius Severus) und in **Saal V** die marmornen Götterstatuen von Perge, darunter eine Aphrodite pudica und ein nackter Apollon. Der Theatergrabung in Perge ist **Saal VII** gewidmet; dort ist u.a. eine wunderbare Monumentalstatue Alexanders des Großen aufgestellt, die aus vielen Trümmerteilen zusammengepuzzelt werden musste. Prunkstücke sind auch die höchst kunstvoll skulptierten Marmorsarkophage in **Saal VIII** – der des Herakles aus der Ostnekropole von Perge (2. Jh. n. Chr.) zählt zu den besten Werken dieser Zeit.

In **Saal IX,** im Erdgeschoss des neuen Anbaus, werden neuere Funde, u. a. vom Perikles-Heroon in Limyra, gezeigt. Im Obergeschoss ist eine beachtliche Münzsammlung vom 6. Jh. v. Chr. bis zur byzantinischen Epoche ausgestellt. Kostbarste Stücke sind die Tetradrachmen von Side und die 1984 bei Elmalı entdeckten Dekadrachmen aus dem beginnenden 5. Jh. v. Chr. Wie das goldene und silberne Liturgiegerät des 6. Jh. aus dem Schatz von Kumluca wurden die Münzen zunächst ins Ausland geschmuggelt, später erwarb die Türkei einige Stücke zurück.

Griechen und Seldschuken
Von der Kultur der orthodoxen Griechen, die 1923 aus Kleinasien flüchten mussten, zeugen schöne in Tempera gemalte Ikonen aus den ehemaligen Kirchen Antalyas, ebenfalls im Obergeschoss ausgestellt.

Die kleinere ethnografische Abteilung in **Saal X** zeigt seldschukische und osmanische Fayencen, Kalligrafien, alte Nomadenteppiche sowie Interieurs (Nomadenzelt, Werkstatt, Empfangsraum eines Herrenhauses).

Infos
Antalya Museum 14: Konyaaltı Bulv., tgl. außer Mo 9–17.30, im Sommer bis 19 Uhr, Eintritt 25 TL, Audioguide 15 TL. Gut erreichbar mit der Tram (S. 69), infos: www.antalya-ws.com/deutsch/museum. Guter **Museumsladen** links in der Eingangshalle.

Rastplätze mit Aussicht
Gegenüber vom Museum liegt etwas stadteinwärts der Eingang zum **Atatürk Parkı** direkt über der Steilküste. Dort kann man in mehreren Restaurants mit tollem Meerblick eine gute türkische Küche genießen. Schön an einem Springbrunnen sitzt man z. B. im traditionellen **Alara Restaurant** 8 (Tel. 0242 247 01 01); schicker und moderner (auch bezgl. der Küche) ist das **The BigMan** 9 (Tel. 0242 244 46 36).

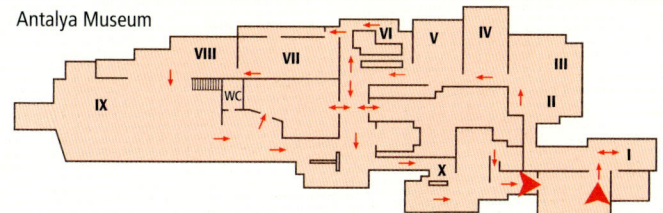

67

Am Golf von Antalya

rallel zur Atatürk Cad., Ecke Ali Çetinkaya Cad. Hier reiht sich Lokal an Lokal mit türkischer Traditionsküche, der Döner wird noch vor Holzkohle gegrillt. Spezialität ist Tandır (Lamm aus dem Ofen). Vorspeisen ab 10 TL, Hauptgerichte ab 18 TL.

Einkaufen

Souvenirs – Viele Shops in den Altstadtgassen; v. a. Orient-Teppiche gibt's in großer Auswahl (nehmen Sie sich aber genügend Zeit zum Handeln!). Die Textilien sind hingegen meist gefälscht.
Marmelade und mehr – **Yenigün 3**: Cumhuriyet Cad. 5. Laden des bekanntestens türkischen Konfitüreproduzenten, viele Sorten, auch Rosenmarmelade und Süßigkeiten wie Lokum.
Handtaschen – **Pikamo 4**: İskele Sok. 20. Tolle Taschen im Design von Miró: tragbare Kunst.
Gold und Uhren – **Basar 5**: gegenüber vom Uhrturm. Vor allem Schuhe, Uhren, Schmuck, Textilien.
Osmanika – **Bindallı 6**: Cumhuriyet Cad., Old Hamam, www.bindalli.org. Osmanische Kleider, Schuhe, Keramik, Hamam-Utensilien, Taschen etc.
Einkaufszentrum – **Migros Shopping Center 7**: Yüzüncü (100.) Yil Bulv., hinter dem Dumlupınar Bulv., tgl. 10–22 Uhr. Das größte Einkaufszentrum an der Südküste, mit Supermarkt und vielen Boutiquen.
Mode – **Atatürk Caddesi**: Entlang der Palmenallee reihen sich die Modeläden, die günstige, aber pfiffige türkische Mode führen, z. B. LTB, LC Waikiki, Collezione etc.

Ausgehen

Toller Ausblick – **Tophane Çaybahçesi 1**: Unterhalb des Cumhuriyet Meyd. In den Teegärten sitzt man unter Türken und genießt einen tollen Altstadtblick.

Kneipenmeilen – An der **Hesapçı Sokak** beim Kesik Minare und der **Mescit Sokak** beim Balık Pazarı Hamam reihen sich Café-Bars, wo fast jeden Abend Livemusik gespielt wird. Seit es fast nur noch in der Altstadt Alkohol gibt, treffen sich hier vor allem türkische Nachtschwärmer. Besonders nett ist das **Art Café 2** im früheren Rathaus und das **Public** gleich nebenan.
Blues – **Mr. Blues 3**: Hıdırlık Sok. (Civelik Sok.) 12/B, Tel. 0242 248 45 00. Kleine Bar, etwas versteckt, in der alles rund um den Blues gespielt wird, auch türkische Interpreten. Geöffnet erst ab 19 Uhr.
Türkische Musik – **Akdeniz Çiçek Pasajı 4**: Uzun Çarşı Sok. 24, www.akdenizcicekpasaji.com. In dem Altstadthaus, tagsüber ein Café-Restaurant, wird ab 20 Uhr bis 3 Uhr nachts türkische Livemusik gespielt.
Altstadt-Party – **Club Ally 5**: Sur Sokak 4, www.ally.com.tr, Eintritt 25 TL. Die In-Disco, ein Ableger des türkeiweit bekannten Ally in Istanbul, im Komplex der aufwendig renovierten Tekeli Konakları (S. 61, 63). Alles ist Extraklasse: der Blick, das Ambiente, der Sound.

Kino: Es gibt mehrere große Kinokomplexe: in Zentrumsnähe die **Plaza Cinemas 6** (Recep Peker Cad., Plaza 2000), am Lara-Strand das **AFM Laura** (Özgürlük Bulv. 136, Laura Shopping Centre), in Konyaaltı das **Cinebonus** im Migros Center. Aktuelle Filme in der Originalsprache.

Sport und Aktivitäten

Übers Meer – **Bootstouren** gehen vom Altstadthafen (Kaleiçi Yat Liman) zum **unteren Düden-Fall** östlich der Stadt (ca. 50 TL), nach **Sincan Adası (Rat Island)** und nach **Phaselis** (S. 56) an der Kemerküste sowie nach **Side** (S. 80).

Türkisches Bad – **Sefa Hamam** 2: Kocatepe Sok. 32, www.sefahamam.com, tgl. 10–20 Uhr. Historisches Hamam, kompletter Service mit Kese (Peeling), Seifenmassage und Ölmassage 80 TL. Badesachen mitnehmen!

Trekking – **Mithra Travel** 3: Hesapçı Sok. 70, Tel. 0242 248 77 47, www.mithratravel.com. Großes Wanderangebot (Lykischer Weg S. 45, St. Paul Trail S. 110), auch Spezialtouren wie botanisches Trekking, Canyoning, MTB oder Blaue Reise.

Tauchen – **Akdeniz Diving** 4: Boot am Altstadthafen, www.akdenizdiving.com. Kurse (z. B. Padi OW 320 €) auch deutschsprachig. Die Travertinplatte von Antalya bietet gute Tauchreviere mit Steilabfällen und Höhlen, zudem liegen in der Nähe mehrere Schiffswracks auf dem Meeresgrund, darunter das französische Kriegsschiff »Saint Didier« nur 1 km vor dem Yachthafen.

Infos

Tourist Information: Cumhuriyet Caddesi 91, Tel./Fax 0242 241 17 47.

Internet: www.antalya.de (Seite eines deutschen Journalisten, auch in Englisch); www.antalya-ws.com, (türkische Seite, auch in Englisch/Deutsch). Info über Antalyas ÖPNV: www.antalyaulasim.com.tr

Busse: Moderne Intercity-Busstation (Otogar) außerhalb an der Straße Richtung Burdur; ins Zentrum (Uhrturm: Saat Kulesi) fährt man per AntRay (S-Bahn, Station an der Schnellstraße etwas südlich). Für den Regionalverkehr gibt es drei Busstationen am Gazi Bulvarı (der Ringautobahn) und zwei zentrumsnähere (s. Karte S. 64). Die Haltestellen der Stadtbusse sind mit einem ›D‹ bezeichnet; mit dem Bus kommt man auch zum Düden-Wasserfall.

Tram: praktische One-Way-Straßenbahn, die zwischen Antalya-Museum und Işıklar Caddesi pendelt. Wichtige Stationen: Uhrturm (Kale Kapısı), Hadrianus-Tor (Üç Kapılar), Karaalioğlu Parkı (Belediye). Einheitspreis: 2 TL.

AntRay: Die erste Linie der neuen S-Bahn fährt vom Aspendos Bulvarı (Haltestelle Meydan) um die Altstadt herum bis Busbahnhof Yeni Otogar.

Flughafen: S. 18. Die SunExpress bietet u. a. Direktflüge nach İzmir und Adana (www.sunexpress.com). Nach Dalaman und Bodrum kann man mit Turkish Airlines (www.turkishairlines.com) über İstanbul fliegen.

Termessos ▶ H 6

In den Taurus-Bergen ca. 40 km nördlich von Antalya bildet der Nationalpark Güllük Dağı den Rahmen für die antike Stadt Termessos (Eintritt 10 TL). Sie liegt auf 1000 m Höhe, im Frühling kann es dort oben sehr kühl sein, auch wenn an der Küste die Sonne scheint. Die Bewohner von Termessos galten als recht streitbare Zeitgenossen. Selbst Alexander der Große gab seinen Versuch, sie 333 v. Chr. zu unterwerfen, auf; er kam nur bis zur äußeren Stadtmauer.

Vom Parkplatz beim römischen Hadrinus-Tempel geht es über die Königsstraße hinauf zur inneren Wallmauer, dahinter folgt links das 91 m lange Gymnasion aus der Kaiserzeit. Über die alte Hauptstraße mit einem unterirdischen Abwasserkanal geht man zur Agora. Vorbei am Tempelbezirk erreicht man das Theater mit wunderbarer Aussicht auf das Gebirge. Vom korinthischen Tempel führt ein Pfad zur Südwest-Nekropole, deren Sarkophage mit ihren abgekippten Deckeln wirken, als habe hier das Jüngste Gericht schon stattgefunden.

Am Golf von Antalya

Die Golfplätze von Belek bieten auch im Winter frühlingshafte Temperaturen

Belek ▶ J 6

Die Ferienregion Belek zählt zu den jüngsten der türkischen Riviera. Sie liegt nur 30 km von Flughafen Antalya entfernt in einer ländlichen Umgebung; mehr als 30 erstklassige Hotelanlagen reihen sich hinter einem Kiefernwäldchen direkt vor der Küste aneinander. Teile des bereits im 19. Jh. zum Schutz vor Sandflug angelegten Forstes am Beşgöz-Flüsschen wurden unter Naturschutz gestellt und bieten nun über 100 Vogelarten ein Rückzugsquartier.

Der überwiegende Teil des Forstes wurde teilweise gerodet und zu einer grünen Landschaft mit über einem Dutzend Golfplätzen umgestaltet. Dazu gibt es auch ein Hospital und etliche voll ausgestattete Fußballplätze – so besuchen inzwischen viele europäische Spitzenmannschaften Belek zum Wintertraining.

Urlauber, die außerhalb der Luxusanlagen ein wenig die Türkei kennenlernen wollen, haben dazu in den Dörfern Kadriye und Belek Gelegenheit, beide ursprünglich Bauernsiedlungen, die nun vom Tourismus leben – entlang den großzügigen Flanierboulevards mit abends illuminierten Brunnen reihen sich jede Menge Souvenirgeschäfte und Leder- oder Textilboutiquen in modernen Neubauten.

Übernachten / Essen

Mehr oder weniger alle Hotels bieten All-inclusive-Service und sind nur oder am vorteilhaftesten pauschal zu buchen – oft in Verbindung mit Golfpaketen. Wegen der All-in-Versorgung haben sich in unmittelbarer Nähe der Hotels auch keine Lokale angesiedelt.

Um mal etwas anderes zu essen, muss man in die nahe Stadt **Serik** (s. rechts) fahren, wo es zahlreich landestypische Lokanta gibt. Eine nette Adresse im Zentrum von Belek mit guten Cocktails und türkischer Küche ist die **Mambo Lounge**.

Sport und Aktivitäten
Austoben – **MT Outdoor Center:** gegenüber Belek Bazaar, Kadriye, Tel. 0242 725 53 60, Mobiltel. 0533 280 38 43. Paintball in schattigem Kiefernwald, mit Abenteuerspielplatz, Restaurant und Reitstall. Paintball Minimum sechs Personen à 100 TL, man kann sich abholen lassen, Schutzkleidung und Maske werden gestellt.

Infos
Busse: Meist stündl. Dolmuş-Verkehr von den Hotels zu den Dörfern Kadriye und Belek, von dort geht es weiter nach Aksu und Antalya. Unmittelbar vor den Hotels sind Taxis überteuert, da lohnt es, ein Moped in Kadriye oder Belek zu mieten.

Ziele in der Umgebung
Nur 40 km fährt man zur antiken Stadt **Perge** (`direkt 8|` S. 72), der bedeutendsten Ausgrabung der Region Antalya.

Aspendos (▶ J 6): Das schönste antike Theater der Türkei (`direkt 9|` S. 75).

Selge (▶ J 6): Ein Ausflug in den Köprülü-Nationalpark (`direkt 10|` S. 78).

Sillyon (▶ J 6): Diese kleine antike Stadt liegt nördlich von Kadriye, gegenüber dem Belek-Abzweig ausgeschildert. Sie thront spektakulär auf einem ringsum steil abfallenden Tafelberg und ist mit Führung durch Anwohner zugänglich. Überwachsen von dichter Macchia, entdeckt man unter anderem ein antikes Theater, dessen Spielfläche mitsamt dem Felsen spektakulär in die Ebene abgestürzt ist.

Serik (▶ J 6): Die lebhafte Mittelstadt mit knapp 42 000 Einwohnern ist Zentrum der umliegenden Dörfer, die zumeist vom Baumwollanbau leben. Hier kann man türkisches Alltagsleben erfahren, günstig an Bankautomaten Geld ziehen und in einfachen Lokalen für geringes Geld besser essen als in ganz Belek. Mit dem Moped braucht man von Belek-Ost kaum 20 Min.

Golf in Belek

Die Region Belek gilt als das beste Ziel für Golfreisen im europäischen Winter. Sie bietet ein frühlingshaft mildes Klima, über 30 Luxushotels sowie inzwischen immerhin über ein Dutzend Golfplätze. Alle großen Veranstalter wie z. B. Öger Tours haben spezielle Golfkataloge mit Kombi-Angeboten im Progamm: Da gibt es für jeden das Passende. Als beste Anlage gilt das ›Gloria‹ Golf & Resorts (www.gloria.com.tr); auf den drei Plätzen des Hotels mit zusammen 45 Löchern, gestaltet mit schwierigen Bunkern und Seeüberspielungen, fanden schon einige internationale Turniere statt. Aber auch die anderen Plätze haben mindestens 18 Löcher, viele sogar 27, dazu meist auch eine Driving Range. Durchschnitt für 18 Tees ist Par 72, Handicap für Damen 36, für Herren 28.

Am Golf von Antalya

8 | Artemis vs. Paulus – die antike Stadt Perge

Karte: ▶ J 6 | **Dauer:** Erkundung einer antiken Stadt für 3–5 Stunden

Das antike Perge war berühmt als Kultstätte der Artemis Pergaia. Auch der Apostel Paulus kam auf seiner Missionsreise in die damalige Hauptstadt Pamphyliens. Sie ist heute mit einem großen Theater, einem nahezu unversehrten Stadion und einer prunkvollen Kolonnadenstraße eine der wichtigsten Ausgrabungen der Türkei. Sein Erfolg war jedoch gering und so verließ er Perge rasch wieder gen Norden.

Die Stadt Perge nördlich der Kleinstadt Aksu gelegen, war seit der Bronzezeit besiedelt. Nach der Überlieferung kamen die ersten Griechen nach dem Trojanischen Krieg hierher. Im 6. Jh. fiel die Stadt, die an dem damals schiffbaren Fluss Kestros (heute Aksu Çayı) auch einen Hafen besaß, an das persische Großreich. 333 v. Chr. machte Alexander der Große sie zu seinem Hauptquartier in Pamphylien, unter den Römern war sie Hauptstadt der Provinz.

Heiligtum der Artemis Pergaia

Seine größte Bedeutung erhielt Perge jedoch als Kultstätte der Artemis Pergaia, in der die kleinasiatische Muttergöttin Kybele weiterlebte. Vor allem in der hellenistischen Zeit war ihre Verehrung über den ganzen Südwesten Kleinasiens verbreitet. Die Blütezeit des Artemis-Kults dauerte bis ins 3. Jh. n. Chr., sodass sich auch das Christentum in der Stadt erst spät durchsetzen konnte. Im 1. Jh. hatte Plancia Magna, die Tochter eines römischen Proconsuls, das Amt der obersten Artemis-Priesterin inne. Auf sie geht der Bau der prächtigen Agora und der Kolonnadenstraße zurück.

Theater und Stadion
Noch vor den Stadtmauern erreicht man das Theater und das Stadion. In griechischer Art wurde das **Theater** 1, das einst an die 14 000 Zuschauer fasste, an einem natürlichen Hang errichtet. Erst unter römischem Einfluss entstand im frühen 2. Jh. das relativ gut erhaltene Bühnengebäude. Es war mit einem Marmorfries verziert (Darstellung der Artemis von Perge mit Flussgott Kestros oder Dionysos), der sich heute im Antalya-Museum befindet. Die äußere Mauer des Bühnengebäudes gestaltete man Ende des 2. Jh. zu einem 12 m hohen Nymphaion mit fünf Wasserbassins.

Das 234 m lange **Stadion** 2, eines der besterhaltenen Kleinasiens, bot etwa 12 000 Zuschauern Platz, die hier nicht nur Sportveranstaltungen, sondern auch Gladiatorenkämpfe sahen. Die Gewölbe unter den Sitzreihen dienten als Läden, jedes dritte als Eingang. Auf der ehemaligen Wettkampfbahn werden heute Marmorfriese aus der Nekropole im Nordwesten von Perge gelagert. Sehr häufig sieht man apotropäische (Dämonen abwehrende) Gorgonenmasken.

Das Stadtzentrum
Das eigentliche Stadtareal, hinter der Kassenabsperrung, ist noch fast vollständig von einer Mauer umgeben. Das **Haupttor** 3, das zu einem Vorplatz zurückspringt, entstand erst in spätrömischer Zeit. Während die Außenseite ganz schmucklos war, besaß das Tor eine prachtvolle Ausstattung nach Innen – die Marmorgiebel liegen heute teilweise wieder zusammengefügt hinter dem Tor am Boden.

Trümmer marmorner Friese säumen den Weg zum hellenistischen Tor von Perge

Am Golf von Antalya

Der Platz dahinter diente repräsentiven Zwecken, beidseits umgaben ihn große öffentliche Bauten. Im Westen liegen die **Thermen** 4, eine große Bäderanlage, im Osten die **Agora** 5 mit Säulenumgängen, Ladenboxen und einem Tholos-Tempel in der Mitte, der vermutlich der Schicksalsgöttin Tyche geweiht war. Die heitere Atmosphäre, die auf diesem Platz, dem Zentrum des politischen Lebens der Stadt, geherrscht hat, zeigt der original erhaltene Spieltisch in der rechten hinteren Ecke.

Der Hauptblickfang ist das ältere **hellenistische Stadttor** 6 mit zwei Rundtürmen. Sie flankieren einen hufeisenförmigen Hof, an dessen Seiten jeweils fünf Nischen mit Säulenbasen erhalten sind. Hier standen, wie die Inschriften ausweisen, die Statuen der mythischen Gründer Mopsos und Kalchas (die die Griechen nach dem Trojanischen Krieg hierher geführt haben sollen) und der Mitglieder der Familie Plancius Varus, des Proconsul der Provinz Asia (seit 71 n. Chr.), die ebenfalls mit dem Ehrentitel ›Gründer‹ benannt wurden.

Kolonnadenstraße

Von diesem Hof zieht sich eine ca. 20 m breite **Kolonnadenstraße** 7 zum Akropolis-Hügel hin. Diese nord-südlich verlaufende Hauptachse, der Decumanus, war von Säulen gesäumt, hinter denen je ein gepflasterter Weg an Geschäften und Amtsgebäuden entlang führte. An einigen Säulen lassen sich Reliefs der Hauptgottheiten von Perge erkennen, darunter die Artemis Pergaia mit einem Jagdbogen in der Hand.

In der Mitte verlief ein Wasserkanal, der von einem mehrstöckigen Brunnengebäude am Ende der Straße gespeist wurde. Dieses **Nymphaion** 8 am Südrand der Akropolis war ein riesiger, mit Säulen und Statuen verzierter Bau mit zwei Seitenflügeln. Heute ist nur noch die Liegefigur des lokalen Flussgottes Kestros über dem Hauptbecken zu erkennen. Von der Anhöhe hat man einen guten Überblick über die Stadt.

Kurz vor dem Brunnen wird die Hauptstraße von einer zweiten, dem ost-westlich verlaufenden Cardo, gekreuzt. Nach Westen gelangt man zu einer **Palästra** 9 (Ringerschule), errichtet zu Ehren Kaiser Claudius' (41–54 n. Chr.). Die Straße endet hinter einem **Thermenbau** 10 beim Westtor, vor dem eine Nekropole von Perge liegt. Im Innern der noch nicht vollständig erforschten Stadt lassen sich Reste einer **Basilika** 11 ausmachen.

Infos

Perge: Aksu, tgl. 9–18 Uhr, im Winter bis 17 Uhr, Eintritt 25 TL.
Die **Busse** zwischen Antalya und Side/Alanya halten mindestens stdl. in der Kleinstadt Aksu. Dort zweigt die Straße zu den Ruinen von Perge ab (1,7 km), meist warten dort Taxis.

Rast in Aksu

In Aksu an der Hauptstraße liegen mehrere einfache **Kebab-Lokale,** in denen man typisch türkisch essen kann.

Picknick am Wasserfall

Nördlich von Perge liegt der **Kurşunlu Şelalesi** (sprich *kurschunlu schelalesi*). Im großen Picknickpark am Fluss Kurşunlu plätschern zwei Wasserfälle in üppig-grünen Tälern – an Wochenenden ein beliebtes Ausflugsziel. Am Fluss entlang wandert man zu einem Aussichtspunkt mit Blick nach Süden über Perge und die Ebene. Anfahrt per Pkw: am Autobahnkreuz westlich vor Aksu über die Straße nach Isparta (8 km), Eintritt 5 TL.

9 | Über die Seldschukenbrücke zum Römertheater – Aspendos

Karte: ▶ J 6 | **Dauer:** Tagesausflug mit kleiner Wanderung

Das antike Aspendos beim Weiler Belkıs war einst die nach Perge und Side bedeutendste Stadt Pamphyliens. Heute steht Aspendos für das besterhaltene römische Theater Kleinasiens, Spielstätte eines international geschätzten Opernfestivals. Auch »Wetten dass ..?« war schon mal da.

Da Aspendos archäologisch noch nicht ausgegraben wurde, ist über die vorrömische Geschichte wenig bekannt. Vermutlich bestand die Siedlung schon in der Bronzezeit. Auch hier siedelten Griechen, die die Gründung ihrer Polis ins 12. Jh. v. Chr. datierten. Am nahen Fluss, dem Köprülü Çay, in der Antike Eurymedon genannt, fand 465 die letzte Schlacht des Krieges zwischen Athenern und Persern statt. Die Griechen siegten, doch Aspendos fiel noch vor dem Peloponnesischen Krieg wieder unter persischen Einfluss. Ihre Blüte erlebte die Stadt in der römischen Kaiserzeit und war im byzantinischen Reich Bischofsitz. Nach der seldschukischen Eroberung dient das Theater als Karawanserei und blieb daher 1800 Jahre fast vollständig erhalten.

Die Seldschukenbrücke

Am schönsten nähert man sich dem stets viel besuchten Aspendos auf einer kleinen Wanderung. Dann sieht man auch einige sonst immer vernachlässigte Monumente. Man nimmt also nicht den groß ausgebauten Abzweig westlich des Flusses, sondern den auf der Ostseite und parkt dort gleich.

Vorbei an einem Wäldchen kommt man zu einer seltsamen Brücke, ausgeschildert als **Tarihi Köprüsü** 1, die mehrfach geknickt den Fluss überquert. Ihre Bedeutung lässt sich schon daran erkennen, dass sie dem Köprülü Çay (Brücken-Fluss) den Namen gab.

Am Golf von Antalya

Der Flussübergang bestand seit der Antike, die Römer bauten dann eine große, geradlinig den Fluss querende Steinbrücke. Diese wurde 363 durch ein Erdbeben zerstört. Erst die Seldschuken machten sich im 13. Jh. daran, das Bauwerk zu erneuern, allerdings deutlich kleiner. Neben der hohen römischen Rampe am Nordufer wurde eine neue flachere Rampe gebaut. Da die Brückenpfeiler durch das Beben umgesackt waren, überquert die neue Brücke den Fluss nun mit einem deutlichen Versprung. Steht man auf der Brücke, erkennt man noch die römischen Widerlager und die Steine der zerstörten Brücke auf dem Flussgrund.

Zum Theater
Jetzt folgt man der Autostraße Richtung Belkıs, durch Felder, auf denen im Frühjahr Baumwolle angebaut wird. Belkıs ist ein kleiner Weiler, der aufgrund des Aspendos-Tourismus erstaunlich viele Restaurants sein Eigen nennt. Und die neue **Gloria Aspendos Arena** 2, in der jetzt die populären Shows stattfinden, die aus Denkmalschutzgründen aus dem antiken Theater verbannt worden sind. Kurz vor der Arena biegt man rechts ab und kann so ein gutes Stück auf einer Piste dem Fluss folgen.

So kommt man zum **Theater** 3, das an den Hang des etwa 50 m hohen Akropolis-Hügels gelehnt ist. Sowohl der Zuschauerraum, die Cavea, als auch das Bühnengebäude, die Scenae, sind vollständig erhalten. Der Bau bestand schon in hellenistischer Zeit, wurde in der jetzigen Form jedoch erst zur Zeit des römischen Kaisers Marcus Aurelius (161–180 n. Chr.) errichtet.

Der prunkvolle Bühnenbau entspricht ganz dem Bautypus der Kaiserzeit. Die Scenae schmückten einst korinthische Säulen und zahlreiche Statuen unter Ziergiebeln. Gut 10 000 Zuschauer fanden auf den Rängen Platz. Nach der türkischen Landnahme übernahmen die Seldschuken den Bau als Karawanserei und sorgten für eine Renovierung der inzwischen gut 1000 Jahre alten Anlage.

Der Stadthügel
Die Akropolis, das eigentliche Stadtzentrum, lag hinter dem Theater. Beim Aufstieg auf den Tafelberg sind rechts im Gelände die Umrisse des **Stadions** 4 zu erkennen. Dann markiert ein Schild das **Osttor** 5, eines der drei Tore der Stadt, die aufgrund der steilen Hänge des Hügels keine durchgehende Mauer benötigte.

An einem freistehenden Ornamentbogen, dem **Agora-Tor**, kommt man nach links zum halbrunden **Bouleuterion** 6 (Ratssaal). Die **Agora** 7, angelegt auf dem geebneten Hügelplateau, wurde auf den beiden Längsseiten von Markthallen eingefasst, davor verliefen Säulenhallen. Zum Teil stehen die Mauern noch ca. 15 m hoch. Der hohe Bau in der Mitte war ein **Nymphaion** (Brunnenhaus) mit einer reich gegliederten Fassade. Auf diesem Platz soll der ›kunstsinnige‹ Verres (jener, den Cicero der Ausplünderung Siziliens angeklagt hatte) während seiner Quästur in der Provinz Cilicia eine ganze Schiffsladung von Kunstwerken zusammengerafft haben.

Das Aquädukt
Zurück am Agora-Tor, gelangt man nach links zum östlichen Steilhang des Akropolis-Hügels, von wo sich ein schöner Blick auf das **Aquädukt** 8 bietet. Interessant ist dieses Bauwerk als Beispiel römischer Ingenieursleistung: Um nicht die gesamte Talsenke mit einem hohen Aquädukt überspannen zu müssen, wandte man das Prinzip der kommunizierenden Röhren an. Das Wasser

9 | Aspendos

aus den Bergen wurde in einen ›Wasserturm‹ geleitet, von dem aus ein niedriges Aquädukt das Tal überspannte, um in einen ebenso hohen zweiten Turm zu münden. Der Druck presste dann das Wasser auf die ursprüngliche Höhe, sodass es zur Akropolis geleitet werden konnte.

Um dorthin zu wandern, verlässt man das Stadtgebiet durch das Südtor (dem Taleinschnitt zwischen Theater und Agora folgend) und umrundet den Hügel auf der Autostraße. Bei den ersten Aquäduktpfeilern haben sich einige Bauern angesiedelt, die ihre Holzhäuser zum Teil an die antiken Mauern gelehnt haben. Von hier geht es – immer mit Blick auf das imposante Bauwerk – wieder zum Fluss zurück.

Forellen am Köprülü Çayı
Wenn man dem Fluss noch ein Stück nach Norden folgt, kommt man zu etlichen **Forellenrestaurants** 1 (schön z.B. Kanyon Restaurant) direkt am Ufer. Um zurück zur Straße zu kommen, können Sie beim Wirt nachfragen, ob jemand dorthin fährt – und es beim Trinkgeld berücksichtigen, wenn Sie extra gefahren werden.

Infos
Aspendos: Belkıs Köyü, tgl. 8–19 Uhr im Sommer, sonst 8–17 Uhr, Parkplatz 5 TL, Eintritt 20 TL.
Die **Busse** zwischen Antalya und Side/Alanya halten am Belkıs-Abzweig. Bis zum Theater sind es 3,8 km, bis zum Aquädukt weitere 1,5 km, bis zu den Forellenrestaurants weitere 2,5 km.

Rast am Fluss
Yörükoğlu Restaurant 2: Tel. 0242 764 53 06, tgl. bis 22 Uhr. Großes Lokal am Ostufer des Flusses (Sonnenseite); man serviert gegrillte Forellen und türkische Standards, Tretboote werden verliehen. Hauptgerichte ab 18 TL.

Aspendos Festival
Jeden Sommer findet im antiken Theater ein Ballett- und Opernfestival statt; (www.aspendosfestival.gov.tr). Im September 2015 standen z. B. Stravinskys »Sacre du Printemps« und die Oper »Soul Mate« von June Hee Lim auf dem Programm. Karten gibt es in allen Reisebüros (inkl. Busanfahrt ca. 35 €). Für die Vorstellungen ›Fire of Anatolia‹ und ›Troy – Troia‹ wurde die neue **Gloria Aspendos Arena** 2 gebaut.

10 | Durch den Köprülü-Kanyon-Nationalpark nach Selge

Karte: ▶ J 6 | **Dauer:** Tagesausflug als Autotour

Der Nationalpark am Köprülü-Fluss zählt zu den schönsten Naturlandschaften an der türkischen Riviera. Zentrum ist die gut 14 km lange Schlucht, die der Fluss durch die bizarr erodierten Kalksteinfelsen des Taurus gefräst hat. Mitten in der Gebirgseinsamkeit liegen die Ruinen der untergegangenen antiken Stadt Selge.

Die Fahrt durch das wilde Bergland des pamphylischen Taurus bis hoch nach Selge auf 1050 m Höhe zählt zu den reizvollsten Touren an der Südküste. Die abgeschirmte Lage in den Bergen gestattete Selge eine jahrhundertelange Unabhängigkeit. Nach dem Mythos hatten Griechen aus Sparta sie gegründet, später war die Stadt für ihre wilden Krieger berüchtigt. In der Kaiserzeit erlebte die Stadt ihre Blüte und war bis in byzantinische Zeit Bischofssitz. Wirklich verlassen wurde Selge nie – man kann also davon ausgehen, dass die heutigen Einwohner Nachfahren der antiken Selger sind, evtl. sogar der Spartaner.

Durch den Köprülü-Kanyon-Nationalpark

Den Abzweig nach Selge erreicht man etwa 5 km östlich von Aspendos, von Side aus fährt man ca. 25 km. Hinter dem Weiler **Tasağil** 1 erreicht man bald das Flusstal, dem die gut ausgebaute Straße nach Norden folgt. Man durchquert eine wilde Naturlandschaft, die bis auf einige kleinere Dörfer unbesiedelt ist: einsame Kiefernwälder, kleine Wiesen, der durch Kiesbänke schießende Fluss, darüber die hell schimmernden Bergriesen des Taurus.

Hinter **Beşkonak** 2, dem einzigen größeren Ort im Nationalpark, liegt bald das **Kanyon Restaurant** 1 am Weg. Hier gibt es eine große Rafting-Station und es werden auch Kanus ver-

10 | Köprülü-Nationalpark, Selge

mietet. Im Restaurant kann man gut rasten, entweder auf der Hin- oder besser auf der Rückfahrt.

Im weiteren Verlauf überquert die Straße den Canyon auf einer vollständig erhaltenen **Römerbrücke** 3. Lotrecht steile Felswände fassen den Fluss in ein enges Bett – spektakuär! Dann geht es weiter durch eine wild-romantische Berglandschaft mit hellgrau ausgewaschenen Kalkfelsen, betupft mit grünen Kiefernkronen.

Die antike Stadt

Von der einst prächtigen Stadt **Selge** 4, die sich über drei Hügel erstreckte, ist heute nur wenig erhalten. Die Anwohner des heutigen Dorfes Altınkaya verwenden die zumeist aus römischer Zeit (2. Jh. n. Chr.) stammenden Ruinen wie selbstverständlich für ihre Zwecke. Das Stadion wurde in ein Terrassenfeld verwandelt, und an die Mauern der Unteren Agora schmiegen sich die Häuser des Dorfes.

Vom Parkplatz beim einstigen Haupttor der Stadt führt der Pfad zunächst zum Theater. Von den oberen Sitzreihen übersieht man gut die Fläche des Stadions. Dann geht es zur Nordkuppe empor, die von einer Basilika gekrönt wurde. Hier beginnt die große, 230 m lange Kolonnadenstraße, die entlang der Stadionthermen beim Haupttor zur Oberen Agora führt.

Einst war die Obere Agora von öffentlichen Gebäuden umgeben. Neben Markthalle und Stoa standen hier ein Odeion, das später in die erste Kirche der Stadt umgewandelt wurde, sowie ein Tyche-Tempel.

Im Südosten überragt der Klosterberg mit den Grundmauern einer Klosteranlage den Platz. Im Westen liegt die Kesbedion-Kuppe, der älteste Siedlungsplatz der Stadt. Neben zwei stark zerstörten Tempeln und den Resten einer Säulenstraße beeindruckt zuallererst die Aussicht über die Gesamtanlage von Selge.

Infos

Selge: Altınkaya, Eintritt 10 TL.
Die **Straße** ist asphaltiert und gut mit dem Pkw befahrbar. Der Ausflug wird aber auch als geführte **Jeep-Safari** angeboten (ab Side und Belek). An einen Pulli denken, oben in den Bergen kann es frisch werden.

Rafting

Köprülü Kanyon Rafting 1: www.raftingantalya.com, Beşkonak. Neben Rafting (80 TL mit Essen) kann man auch Trekking, Campingübernachtung oder MTB-Touren buchen (Abholung wird in der Region von Kemer bis Side übernommen). Der Anbieter betreibt am Fluss auch ein Restaurant, wo man schön gegrillte Forelle *(alabalık)* essen kann.

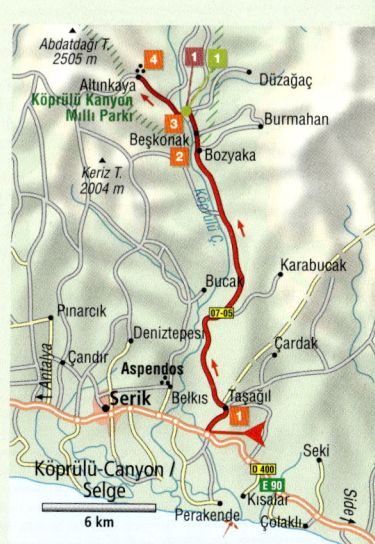

Die Region Side und Alanya

Side ▶ K 7

Side hat von allem etwas: antike Ruinen, moderne Hotelpaläste, hübsche Ecken und türkische Gastfreundschaft, Nepp und aufdringliche Teppichverkäufer – hier gehen Historie und Kommerz eine so innige Verbindung ein, dass es oft schwer fällt, das eine vom anderen zu trennen. Und die meisten empfinden es nicht als Nachteil, dass die großen Luxushotels des 5000-Einwohner-Ortes alle am langen Sandstrand im Westen (Kumköy, Çolaklı) und im Osten (Sorgun, Titreyengöl) liegen. In Side-Altstadt hingegen – in der römischen Kaiserzeit die bedeutendste Hafenstadt Kleinasiens, in den 1960er-Jahren noch ein kleines Fischerdorf – treffen sich bis heute Rucksackler und junge Leute in einfachen Pensionen.

Die großartigen antiken **Ruinen von Side** (direkt 11l ▶ S. 82) lohnen einen längeren Rundgang.

Archäologisches Museum 6
Liman Cad. tgl. 8–12, 13–17.30 Uhr, Eintritt 15 TL
Das in den zum Teil restaurierten Agorathermen aus dem 5. Jh. untergebrachte Museum zeigt eine eindrucksvolle Sammlung römischer Statuen (zumeist 2. Jh.) und reliefverzierter Sarkophage. Prunkstücke sind die große Statue der Siegesgöttin Nike am Eingang und auch der Herkules mit Knüppel und Löwenfell im Caldarium, dem Warmbad. Die Statuengruppe der Drei Grazien (der Chariten, der Nymphen der Anmut) überzeugt durch ihre wohlgeformten Popos. Mit den Plastiken des Sandalenbinders von Lysippos und des Diskuswerfers von Myron besitzt das Museum zwei weitere römische Kopien berühmter klassischer Kunstwerke.

Dass der Bau in frühchristlicher Zeit auch als Grabhaus genutzt wurde, zeigen die aufgedeckten Skelette im

Side

nächsten Saal. Sehr schön ist zuletzt auch der Garten mit zahlreichen Sarkophagen und Skulpturwerken, darunter Weiheinschriften und Gladiatorendarstellungen.

Strände

In Side-Altstadt gibt es den ›Kleinen Strand‹ **Küçük Plaj** an der Ostpromenade und den großen **Büyük Plaj** an der Küste unterhalb der Bibliothek. Der Strand Altınkum oder **Gold Beach** direkt nördlich der Altstadt hat leider durch den Bau der Strandpromenade viel Charme verloren. Die Strände außerhalb, von **Kumköy** im Westen bis **Titreyengöl** im Osten, sind sandig, im Rückraum zumeist durchgehend mit Hotels bebaut und bieten viel Wassersport. Was woanders völlig ›shocking‹ wäre, ist hier üblich: spazieren und essen gehen im Badeaufzug. ▷ S. 84

> Endlos dehnen sich die **Strände von Side** rechts und links der Halbinsel mit dem alten Dorfzentrum. Überall stehen die Liegestühle Spalier, vor den Wassersportstationen kreischen die Jet-Skis übers Meer. Welcher der schönste Strand ist? An der Südküste von Side-Dorf liegt unterhalb des Restaurants Manzara Bistro eine winzig-kleine Sandbucht, gerahmt von ein paar Felsen. Viel ist hier selten los und der Blick – aufs Meer, ganz allein – für Side ein echter Traum.

Kilometerlange Sandstrände säumen die Küste bei Side

11 | Eine untergegangene Stadt – das antike Side

Cityplan: S. 84 | **Dauer:** Halbtagesspaziergang mit Badepause

Das antike Side, das die gesamte Halbinsel einnahm, zählte in der römischen Kaiserzeit zu den wichtigsten Handelsplätzen in Kleinasien. Heute stehen die monumentalen Ruinen wie Mahnmale des Verfalls zwischen all den neuen Restaurants, Shops und Pensionen des Touristenörtchens.

Side soll im 7. Jh. v. Chr. von Griechen aus Kyme gegründet worden sein, bestand aber sicherlich schon früher. Die Bevölkerung sprach noch bis zur Alexanderzeit eine nicht-griechische Sprache. Danach war Side zwischen den Großreichen umstritten, gehörte aber meist zum Seleukidenreich. Bei dessen Niedergang fiel es im 1. Jh. v. Chr. an die kilikischen Piraten und wurde zum größten Sklavenmarkt im östlichen Mittelmeer. Erst mit dem Einmarsch der Römer begann die Blütezeit der Stadt, die im 7. Jh. von den Arabern gebrandschatzt und danach verlassen wurde.

Am Großen Tor

Ungefähr dort, wo man heute im Sommer auf den Traktorzug umsteigt, befand sich in der Antike das **Große Tor** 1 mit hufeisenförmig zurückspringendem Hof wie in Perge. Hier in Side sind nur noch die Fundamente zu sehen, doch gegenüber blieben große Teile eines riesigen **Nymphaions** 2 erhalten. Dieses Brunnenhaus besaß eine 52 m lange, dreistöckige Fassade mit einem Wasserbecken davor. Auch beeindruckende Reste der großen **Mauer** 3 mit quadratischen Türmen blieben erhalten, die die Landseite der Halbinsel komplett absperrte.

Die Säulenstraße

Vom Großen Tor verlief eine **Säulenstraße** 4 längs über die Halbinsel bis zum Hafen, ihr folgt noch die heutige

11 | Das antike Side

Autostraße in den Ort. Kurz hinter dem Tor ist ein gutes Stück komplett freigelegt worden. Noch gut zu erkennen sind die kleinen Läden zu beiden Seiten, das Mosaikpflaster der überdachten Fußgängerwege und einige Fahrbahnplatten, in die Ochsenkarren tiefe Spuren eingegraben haben.

Weiter stadteinwärts wurden auf der linken Seite einige **Peristyl-Villen** [5] freigelegt, typische Häuser vornehmer Bürger der hellenistisch-römischen Zeit. Rechter Hand ist dann das Archäologische Museum (S. 80) in den **Agora-Thermen** [6] untergebracht.

Der Agora-Bezirk

Die **Handelsagora** [7] wurde in der Kaiserzeit als Quadrat mit einer Seitenlänge von 65 m angelegt – entsprechend der Länge des Bühnenbaus des Theaters. Man betrat die Agora von der Säulenstraße her durch ein monumentales Tor; 7 m hohe Hallen mit je 25 Säulen umgaben sie. In der Mitte steht ein Tempel für die Schicksalsgöttin Tyche, der seit 2012 wieder aufgebaut ist.

Südlich der Handelsagora liegt die **Staatsagora** [8], an der sich die Verwaltungsgebäude befanden. Die stadtabgewandte Seite flankierte eine **Bibliothek** [9] mit drei Sälen; vom mittleren, dem Kaisersaal, steht noch eine zweistöckige Wand mit Statuennischen.

Der nordöstliche Stadtteil mit **Bischofspalast** [10] und **Basilika** [11] ist ebenso wie das **südliche Stadttor** [12] der Landmauer fast ganz unter den Dünen des langen Südoststrandes von Side begraben.

Vom Theater zum Tempel

An der Südwestseite der Agora schließt das gewaltige **Theater** [13] an. Dieser Bau ist das einzige an der türkischen Küste, das freistehend, also nicht an einen Hang gelehnt, errichtet wurde. Zugleich gilt es mit ca. 17 000 Zuschauern als größtes der Südküste.

Der heutige Eingang liegt hinter dem **spätantiken Stadttor**, das um 400 entstand, als der Fernhandel im Reich zusammenbrach und die Stadt sich erheblich verkleinern musste. Damals wurde ein römischer Triumphbogen zu einer kleinen Pforte zugemauert.

Zum Apollon-Tempel

Der Verlauf der Säulenstraße bis zur Südostspitze der Halbinsel lässt sich im Dorf kaum noch verfolgen. Dort stehen heute fünf Säulen des **Apollon-Tempels** [14] wieder aufrecht – leider inzwischen abgesperrt und eintrittspflichtig. Links daneben stand ein Tempel für Artemis/Kybele, die kleinasiatische Muttergöttin. Nach der Zerstörung der Tempel durch die Christen wurde an diesem Platz eine **Basilika** gebaut. Am Hafen entlang kommt man zum Atatürk-Platz, der auf dem verlandeten **antiken Hafen** angelegt wurde.

Infos
Theater und Apollon-Tempel: tgl. 9–18 Uhr, Theater 20 TL, Tempel 10 TL; **Agora-Bezirk:** derzeit geschl. **Startpunkt** ist die Busstation, wo alle Minibusse halten.

Badestopp
Kleine Strandbuchten findet man an der Barbaros Caddesi, einen langen Sandstrand auf Höhe des versandeten Stadtgebiets Richtung Sorgun.

Essen in Ruinen
Romantisch sitzt man im **Paşaköy-Restaurant** [1] an der Liman Caddesi, das in den Mauerresten der antiken Hafenthermen untergebracht ist.

Übernachten

Britischer Charme – **Beach House** 1: Barbaros Cad., Tel. 0242 753 16 07, im Winter 0242 753 15 45, www.beachhouse-hotel.com, DZ/F um 140 TL, Familienzimmer um 170 TL. Familiär von einem türkisch-australischen Paar geführtes Hotel direkt am Küçük Plaj. Einfache, aber gepflegte Zimmer mit Ventilator und Balkon, der Garten grenzt an die Ruinen einer byzantinischen Villa. Das Hotel war eines der ersten in Side und zählte Künstler wie Sartre und Beauvoir zu seinen Gästen.

Direkt am Strand – **Kamer Motel** 2: Barbaros Cad. 47, Tel. 0242 753 10 07, www.kamermotel.net, DZ/F um 150–210 TL. Nett geführte Pension an der Südküste mit Badeplateau, nah beim Küçük Plaj, dem ›kleinen Strand‹, mit Bar. Die Zimmer sind etwas klein, aber akzeptabel, mit AC.

Moderne Zimmer – **Elit Köseoğlu** 3: Cami Cad. 1, Tel. 0242 753 11 10, www.booking.com, DZ/F um 200 TL. Modernes, gut ausgestattetes Hotel an der Südküste der Halbinsel, nahe beim Küçük Plaj. Mit Outdoor- und Indoor-Pool, Restaurant, auch Apartments.

Mit Pool und Parkplatz – **Tempel Side** 4: Begonya Sok. 6, am Gold Beach, Tel. 0242 753 11 19, www.sidetemplehotel.com, DZ/F um 140–210 TL, Familienzimmer/HP um 250 TL für 4 Pers. Größeres Bungalow-Hotel in der Motelzone gleich nördlich der antiken Stadt; 120 m vom Strand; 600 m ins Dorf, einfach per Auto zu erreichen. Mit Pool, Restaurant, auch Apartments; netter Service.

Side

Sehenswert
1. Großes Tor
2. Nymphaion
3. Mauer
4. Säulenstraße
5. Peristyl-Villen
6. Archäologisches Museum (Agora-Thermen)
7. Handelsagora
8. Staatsagora
9. Bibliothek
10. Bischofspalast
11. Basilika
12. Südliches Stadttor
13. Theater
14. Apollon-Tempel

Übernachten
1. Beach House
2. Kamer Motel
3. Elit Köseoğlu
4. Tempel Side

Essen und Trinken
1. Paşaköy
2. Aphrodite
3. Moonlight
4. Cuba
5. The End
6. Side Çorba Salonu

Einkaufen
1. Yilmaz Naturstein-Center
2. Mozaik Butik
3. Şahin Market
4. Belt House
5. Maraş Dondurma
6. Migros Shopping Center
7. Wochenmarkt Side

Ausgehen
1. Apollonik Bar
2. Stones Dance Bar
3. The Zone
4. Lighthouse

Sport und Aktivitäten
1. Side Boat Tour
2. Altınkum Wellness Center
3. Silver Diving

Essen und Trinken

Am Hafen – **Aphrodite** 2: direkt am Hafen. Tel. 0242 753 11 71. Das schon 1970 gegründete Restaurant überzeugt heute mit schickem, weißen Lounge-Ambiente, tollem Hafenblick von der Dachterrasse und guter türkisch-internationaler Küche. Snacks ab 14 TL, Pizza ab 22 TL, türkische und internationale Gerichte um 40 TL.

Mit Kindern – **Moonlight** 3: Barbaros Cad. 49, Tel. 0242 753 14 00. Großes offenes Restaurant an der Südküste der Altstadt unter Leitung eines deutsch-türkischen Paares. Mit Kinderspielplatz und kleinem Strand. Vorspeisen um 18 TL, Hauptgerichte um 30 TL.

Terrasse im Meer – **Cuba Restaurant** 4: Turgut Reis Cad., nahe Jandarma, Tel. 0242 753 34 45. Sehr romantisch mit einer großen Meerterrasse an der Nordküste der Side-Halbinsel – schön bei Sonnenuntergang. Türkische und karibische Küche, auch gute Auswahl an Cocktails! Hauptgerichte 23–45 TL.

Dinner mit Aussicht – **The End** 5: Side Liman., Tel. 0242 753 20 05, www.theendside.com. Etwas abseits, aber beliebt: schon Staatspräsident Gül war hier zu Gast. Türkische und internationale Küche auf Terrassen mit Meerblick, toller Sonnenuntergang. Vorspeisen ab 16 TL, Hauptgerichte ab 26 TL.

Einfach und günstig – **Side Çorba Salonu** 6: Zambak Sok. 42. Etwas versteckt in einer Gasse ohne Shops wird hier einfache, aber leckere und günstige türkische Küche aufgetischt. Adana Kebab 17 TL, Pide 12 TL.

Die Region Side und Alanya

Einkaufen

Kaufrausch in Side: kein Problem; hier wird die gesamte Palette der türkischen Souvenirindustrie angeboten. Aber kaufen Sie nichts ohne 30 % Abschlag!

Schmuck – **Yilmaz Naturstein-Center** **1**: Barbaros Cad., nahe Stones Bar. In einer großen Halle gibt es eine riesige Auswahl an Schmuck aus Halbedelsteinen, Muscheln und Korallen, sogar aus Kamelknochen.

Coole Mode – **Mozaik Butik** **2**: Liman Caddesi, Anfang. Istanbuler Disco-Mode, absolute Hingucker, viel mit Strass- und Kettenapplikationen.

Gewürze – **Şahin Market** **3**: Gül Sok. Neben dem riesigen Angebot an Gewürzen bekommt man hier auch Honig, Trockenobst, Nüsse, Datteln etc.

Gürtel – **Belt House** **4**: Turgut Reis Cad. Ein ganzer Laden nur für Gürtel und Spezialschnallen. Designs vom Totenkopf oder Spiderman bis Armani.

Eismann – **Maraş Dondurma** **5**: Liman Cad., Hafennähe. An dem Eisstand gibt es das typisch türkische Eis aus Kahramanmaraş, das hier mit witzigen Showeinlagen verkauft wird.

Supermarkt – **Migros** **6**: Ein moderner Supermarkt mit internationalen Waren von Sonnenmilch bis Babywindeln ist in Manavgat, an der Hauptstraße Richtung Antalya, zu finden.

Bunt und pittoresk – **Wochenmärkte**: In Side Samstagvormittag gegenüber der Fatih Cami, **7** noch größer und pittoresker ist der von Manavgat (S. 88). Einerseits gibt es jede Menge sehr günstiger Textilien, andererseits Bauernprodukte aus dem Hinterland. Man muss auch hier knallhart handeln: halber Preis, sonst einfach weitergehen!

Ausgehen

Im Sonnenuntergang – **Apollonik Bar** **1**: Liman Yolu 69, Tel. 0242 753 10 70. Die nette Bar am Hafen, kurz vor dem Apollon-Tempel, ist seit Jahren eine beliebte Adresse, um an rustikalen Tischen ein Bier und/oder den Sonnenuntergang zu genießen. Keine laute Musik, keine Fernseher.

Chillen am Strand – **Stones Dance Bar** **2**: Barbaros Cad. 67, Tel. 0242 512 14 98. An den Wänden der Music Bar prangen die Konterfeis der Rolling Stones, oft laufen deren Livekonzerte auf DVD. Es gibt eine Tanzfläche indoor, einen Billardtisch und eine Terrasse auf der Steilküste.

Partygasse – **The Zone** **3**: Rechte Hafenseite. Ein zwangloser Treffpunkt zum ›Vorglühen‹. Zwei Bars rechts und links der Gasse, auf der jede Menge Stehtische für lockere Kontakte sorgen. Pop, R&B, TürkPop, Elektro.

Tanz-Bar im Ort – **Lighthouse** **4**: auf der Spitze der Side-Halbinsel rechts vom Hafen. Mit Openair-Tanzfläche; ab 22 Uhr trudeln hier die Nachtschwärmer ein.

Sport und Aktivitäten

Bootstouren – Die **Kooperative Side Boat Tour** **1** bietet verschiedene Touren, z. B. Manavgat-Fluss, Karaburun-Insel bzw. Delfininsel, Küstentörns bis nach Alanya. Die Tickets gibt es am Infostand am Hafen (am besten abends). Bei Reservierung wird man vom Hotel abgeholt.

Hamam & Spa – **Altınkum Wellness Center** **2**: Side Weststrand, Altınkum Hotel, Tel. 0242 753 12 17. Das Hotel am Strandweg zur Altstadt bietet neben ›normalem‹ Hamam (40 TL) auch viele Spezialmassagen (Ganzkörper 60 TL) und Schiatsu oder Hot Stone-Behandlung.

Tauchen – **Silver Diving Center** **2**: Tauchboot am Hafen, Tel. 0532 394 41 80, www.sidesilverdiving.com. Tauchkurse und tgl. Tauchfahrten 9.30–14.30 Uhr, Abholservice.

Titreyengöl und Sorgun

Infos
Tourist Information: Manavgat Yolu, gegenüber Mausoleum Monument.
Internet: www.sideguide.net (engl.); www.side-info.de (deutsch).
Busse: Busstation vor der antiken Stadtmauer – in die Stadt geht's dann zu Fuß oder mit einem Traktor-Zug weiter. Minibus-Verkehr von/nach Kumköy/ Çolaklı, Sorgun/Titreyengöl und Manavgat mind. halbstündlich, etwas weniger häufig Richtung Serik und Alanya.
Mietwagen: Der Parkplatz rechts vom Theater kostet Gebühr, ebenso der hinter dem Theater. Einfahrt ins Dorf nur für Gäste der Hotels und Anlieger.
Side Festival: im Sept. mit Best-of aus Klassik, Pop und Jazz im antiken Theater; dort gastierten in der Hochsaison oft auch Tanztheater.
Aspendos Festival: Juni/Juli mit Oper & Ballett im Aspendos-Theater (S. 76); in der Saison auch Shows in der neuen Gloria Aspendos Arena.

In der Umgebung
Nicht verpassen sollte man auch den **Ausflug ins Hinterland,** nach Manavgat und weiter zum Wasserfall des Manavgat-Flusses (direkt 12 ▶ S. 88).

Kumköy und Çolaklı ▶ J/K 7

Im Hotelareal von Neu-Side und Kumköy (4–8 km nordwestlich) reihen sich am Meer die Großhotels, auf der anderen Seite der Hauptstraße stehen Apartmenthäuser, Einkaufszentren und Restaurants mit Großbildschirmfernsehern. Vor allem abends kommt dort Nachtmarktatmosphäre auf. Die beliebteste Fußgängerpromenade tagsüber ist der Strand; zahlreiche Wassersportzentren verleihen hier Tretboote und Jet-Skis oder bieten Parasailing an.

Wie überall in der Side-Region wird Deutsch gesprochen und in Euro gezahlt. Nicht alles ist wirklich hübsch, das meiste aber insgesamt doch sehr turbulent. Das alte Kumköy bei den Großhotels Cesars Resort und Miramare ca. 8 km westlich hat sich heute zu einem kleinen Shoppingzentrum mit modernen, großzügig angelegten Promenaden entwickelt. Wesentlich ruhiger ist es in Çolaklı (spr. tscholakle), dessen Hotels bis zu 15 km von Side-Dorf entfernt liegen.

Essen und Trinken
Beliebter Treffpunkt – **Atlantis Bar & Restaurant:** Kumköy, zentral in der Dorfmitte, Tel. 0242 753 43 64. Beliebtes Allround-Lokal mit morgens zum Frühstück bis abends zum Abfeiern. Von der Terrasse überblickt man die Einkaufsmeile, Hauptgerichte ab 28 TL.

Man spricht Deutsch – **Schluckspecht:** Kumköy, gegenüber Ilıca Taxi, Tel. 0242 753 43 16, tgl. 8–24 Uhr. Bei Deutschen beliebtes Restaurant mit guter Auswahl, speziellen Kindergerichten und großem Angebot an Cocktails. Der Renner ist das lange Fladenbrot frisch aus dem Ofen, das es zu jedem Essen gibt. Hauptgerichte ab 28 TL.

Ausgehen
Nachtschwärmertreff – **Club Alya:** Çolaklı, Toro Shopping Center, in der Saison tgl. 22–5 Uhr. Großraum-Disco am Rand der Hotelzone mit ausgedehntem Freigelände, Musik zwischen TürkPop und Mainstream.

Titreyengöl und Sorgun ▶ K 7

Die beiden großzügigen Hotel-Urbanisationen verstecken sich hinter Pinienwäldchen und zählen ▷ S. 90

12 | Wasserfall und Kleinstadtmarkt – am Manavgat-Fluss

Karte: ▶ K 6/7 | **Dauer:** Tagesausflug mit Mietfahrzeug oder Minibus

Das antike Side bekam sein Wasser ebenso wie das heutige vom Fluss Manavgat, der in griechischer Zeit Melas hieß. Über das Städtchen Manavgat geht die Tour zum langen Wasserfall und weiter in die einsame, bewaldete Berglandschaft im Norden von Side.

An vielen Stellen sind in der Ebene landeinwärts von Side noch die Reste des mächtigen römischen Aquädukts zu sehen, mit dem das Melas-Wasser bis in die antike Stadt transportiert wurde. Es speiste ursprünglich das Nymphaion vor dem Großen Tor (S. 82), wurde dann aber bis zum Brunnen beim Triumphbogen verlängert. Die Wasserleitung über immerhin 30 km zählte zu den ambitioniertesten Bauleistungen jener Zeit. Das Wasser kam aus dem Oberlauf des Flusses; das Städtchen Manavgat am Übergang der Küstenstraße über den Manavgat Çayı ist dagegen schon nach 6 km erreicht.

Markt am Fluss

Manavgat ist ein sehr lebendiges Städtchen, das seine Bevölkerung in den letzten Jahren auf fast 100 000 Menschen nahezu verdoppelt hat. Sehenswert ist der große Montagsmarkt, der im Zentrum östlich vom Fluss stattfindet. Rund um die große **Markthalle** 1 in schmucklosem Industriedesign kann man sich dort durch ein riesiges Verkaufsgewühl kämpfen. Zwischen billigen Textilien und Bauernprodukten wie Oliven in alten Cola-Flaschen oder Schafskäse in Ölkanistern kann man hier manches Schnäppchen finden – wenn man denn ordentlich handelt. Denn die Preise für Touristen sind immer mindestens doppelt so hoch wie normal! In Basarnähe gibt es einfache Kebablokale, schöner sitzt man aber am Fluss beiderseits der Brücke.

Manavgat

Picknick am Wasserfall
Wer auf dem Markt ein paar leckere Sachen eingekauft hat, kann auch ein Picknick beim Wasserfall **Manavgat Şelalesi** 2 veranstalten. Rund um den 50 m langen, 2 m hohen und sehr stark flutenden Fall – eher eine Staustufe – gibt es einen schattigen Ausflugspark, wo man an Holztischen essen und sogar grillen kann.

Ausflug zum Strand
Von der Brücke in Manavgat fahren Taxiboote zum Wasserfall, aber auch zum **Boğaz Plajı** 3, dem kieseligen Nehrungsstrand an der Mündung des Manavgat Cayı. Hier werden Liegen und Schirme für einen entspannten Strandnachmittag verliehen – ohne die Hektik, die vor den Strandhotels von Side mitunter herrscht. Getränke bringt man mit, kann aber auch bei fliegenden Händlern etwas kaufen.

Antike Stadt im Wald
Ein Abstecher führt zur antiken Stadt **Seleucia/Lyrbe** 4. 13 km nördlich von Manavgat hinter dem Dorf Bucakşeyhler. Zwar sagt die Forschung längst, es handele sich um das alte Lyrbe, doch ist der Name Seleucia weiterhin üblich. Überwachsen von Pinienwald, entdeckt man romantische Ruinen wie eine gut erhaltene Agora, eine Markthalle und ein kleines Theater (Odeion).

Am Stausee
Danach lohnt ein Stopp im **Çağlayan Şelale Restoran** 3 (zurück an der Hauptstraße links abbiegen). Von dort weitere 15 km nach Norden fahrend, erreicht man den Stausee **Oymapınar Barajı** 5. Am Ufer des smaragdgrünen Sees, heute oft **Green Canyon** genannt, findet man weitere lauschige Restaurants, die als Spezialität *alabalık*, gegrillte Forelle, servieren.

Infos
Manavgat-Markt: immer montags, bis ca. 14 Uhr. **Manavgat Şelalesi:** tgl. bis 19 Uhr, Eintritt 5 TL. **Seleucia/Lyrbe:** Eintritt 7 TL.
Minibusse fahren von Side (Busstation an der Landmauer) nach Manavgat, von dort Minibusse zum Wasserfall (Manavgat Şelalesi). Nach Seleucia/Lyrbe nur per Mietfahrzeug.

Essen in Manavgat
Kümes Restoran 1: Atatürk Cad. 12. Das Lokal liegt auf der Ostseite der Brücke (4. Straße rechts) und serviert türkische Kebabküche, aber auch leckere Schmorgerichte.
Küçük Şelale Restaurant 2: Lauschiges Flussrestaurant an der ersten Staustufe nördlich der Stadt. Unter Bäumen speist man mit Flussblick türkische Küche.

Die Region Side und Alanya

Bootsausflug an der Küste der Region İncekum

nicht zuletzt deshalb zu den schönsten Ecken der Side-Region.

Die Hotelsiedlung **Titreyengöl** (ca. 10 km östlich) liegt an einem kleinen Binnensee. Hibiskus, Oleander, Clematis und Bananen säumen die schattigen Straßen, alles ist sehr grün, aufgeräumt und schick. Am Strand ist das Sportangebot gewaltig, von Beach Volleyball bis Parasailing.

Essen & Trinken

Idylle am Fluss – **Kazan Restaurant:** an der Hauptstraße von Titreyengöl nach Side (ca. 1,5 km außerhalb). Sehr hübsch und einsam ländlich am Manavgat-Fluss gelegen, idyllisch unter Kiefern mit Blick über Felder und Fluss. Serviert wird türkische Traditionsküche und Hausmannskost, für Side-Verhältnisse recht preiswert.

İncekum ▶ K 7

Das Feriengebiet İncekum wurde Mitte der 1980er-Jahre zwischen den Dörfern Okurcalar, Avsallar und Yeşilköy aus der Taufe gehoben; heute zieht es sich mit einer langen Kette luxuriöser Hotelanlagen entlang der Küstenstraße dahin. İncekum bedeutet ›feiner Sand‹ und bezieht sich auf die langen Sandstrände. Im Hinterland lebt man in kleinen Weilern von der Landwirtschaft; bei Okurcalar beginnt auch der Bananenanbau, der sich an der Küste bis hinter Alanya fortsetzt.

İncekum

Zwischen Sandstrand und schütterem Kiefernbewuchs ist man also auf das angewiesen, was Meer und Hotel bieten: Wassersport, Sonne und hin und wieder etwas türkische Folklore. Doch Side, Alanya und die großen Griechenstädte Perge und Aspendos sind nicht weit.

Alara Han
Abzweig von der Küstenstraße bei Okurcalar, Mai bis Mitte Oktober
Eine Karawanserei der Seldschuken-Türken aus dem Jahr 1230, die heute, stilvoll renoviert, als Restaurant genutzt wird (die dortigen ›Türkischen Nächte‹ sind in allen Hotels der Umgebung zu buchen). Man kann das Gebäude aber noch besichtigen, denn der Hof dient als Minimuseum mit Souvenirshops.

Alara Kalesi
Auf der Berghöhe über dem Alara-Fluss thront die von Byzantinern gebaute Burg, zu der man, teils durch einen Tunnel, hochsteigen kann (Taschenlampe und feste Schuhe!). Man parkt beim **Alara Cennet Piknik,** wo man auch nach dem Weg fragen kann und oft auch Leuchten ausleihen kann. Das Lokal lohnt auch für eine Pause, man sitzt sehr schön am Fluss.

Übernachten
Die meisten İncekum-Hotels bieten Urlaub ›all-in‹, sind also nur pauschal zu buchen. Es empfiehlt sich, vor der Buchung in einer Internetkarte den Standort zu prüfen.
Buchten und Felsen – **Alara:** Yeşilköy, 27 km vor Alanya, Tel. 0242 532 16 10, www.alaragroup.com, DZ/F 200–400 TL. Zweistöckige Bauten in üppigem Garten über kleinen felsumrahmten Sandbuchten; Pool, Wassersport, Tauchschule, Sauna (im Hotel nebenan). Tolle Lage neben dem İncekum-Strand, jedoch eins der ältesten Häuser – vielfach hat die Zeit Spuren hinterlassen.

Essen und Trinken
Die Neubau-Urbanisationen von Yeşilköy, Avsallar, Konaklı und Güzelbağ, alle an der Küstenstraße, bieten Bars und Einkaufszentren, aber nur wenige Restaurants – die Gäste werden sowieso im Hotel verpflegt. Wer einmal gut und günstig essen will, besucht eines der einfachen Lokantalar der Einheimischen, die authentische türkische Küche bieten.
Türkische Nacht – **Alarahan:** Çakallar Köyü, Tel. 0242 547 84 45. Das Restaurant im Alara Han bietet ›Türkische Nächte‹ mit Menü und Show für ca. 90

Strände bei İncekum

Das İncekum-Gebiet ist gut 25 km lang, wo kann man da am besten baden? Eine schöne runde Bucht mit Sandstrand und vorgelagertem Inselchen findet man in **Okurcalar** beim Hotel Justitiano kurz vor dem Water Planet Aquapark (S. 92). Bei Yeşilköy steht das **İncekum Beach Resort** an einer kleinen Felsbucht, wo man gut Schnorcheln kann. 2,5 km weiter kommt man zum **İncekum Dinlenme Parkı,** einem Picknickpark mit einer unbebauten Sandbucht. Dann kommt der Ort Avsallar (wieder 2,5 km) mit der schönen lang gezogenen **Fuğla-Bucht.** Dort gibt es auf der Ostseite des Fuğla-Kaps eine kleine Bucht beim Club Hit mit naher Felsküste zum Schnorcheln. Von dort zieht sich dann ein langes ununterbrochenes Strandband bis nach Konaklı.

Die Region Side und Alanya

TL/Pers. Buchung mit Anfahrt in allen Hotels möglich.

Sport und Aktivitäten

Spaß für Wasserratten – **Water Planet Aqua Park:** Okurcalar, www.waterplanet.com.tr, April–Sept., Eintritt ca. 50 TL, Kinder die Hälfte. Großes Spaßbad auf dem Kap Kara Burun mit mehreren Pools, teils für Kinder, teils mit Wellenanlage, und viele Wasserrutschen, die den Adrenalinspiegel steigen lassen. Auch Bungee Jumping oder Kanustrecke.

Tauchen – **Deep Sea Diving:** Karaburun, Tel. 0532 27 34 136, www.deep-sea-diving.de. Die Tauchschule von Bülent und Faithi bietet Tauchfahrten (für Pros auch zu den Höhlen von Alanya) und Tauchkurse. Die Basis liegt östlich vom Hotel Alhambra an einer kleinen fischreichen Bucht.

Infos

Busse: häufiger Bus- und Minibus-Verkehr entlang der Küste; alle Minibusse halten auf Handzeichen an und fahren sämtliche Großhotels ab. Die Intercity-Busse stoppen nur fahrplanmäßig in den Orten.

Ziele in der Umgebung

Sinek Kale (▶ L 7): Kurz vor Alanya biegt eine Straße Richtung Norden nach Elikesik ab (Linksabbieger kurz nach dem ersten Tunnel der Gegenspur).

Der Rote Turm ist der Blickfang am Hafen von Alanya

Nach 3,7 km nach rechts weiter bis zur Sinek Kale (›Fliegenburg‹) mit den Resten des antiken **Hamoxia**. Über die Stadt ist wenig bekannt, das Gelände auch schwer zugänglich (auf Zisternen achten!). Von der Anhöhe bietet sich bei klarem Wetter jedoch ein wahrer Traumblick auf die Küste bei Alanya.

Alanya ▶ L 7

Ein dunkel-mächtiger, weit ins Meer ragender Fels, darauf die kilometerlangen Mauern einer seldschukischen Festung, die über eine weite Strandbucht blickt: Das ist Alanya, nach Side das wichtigste Ferienzentrum der Südküste. Die Hotels sind zwar nicht so luxuriös, doch liegt eine lebendige, schnell wachsende Stadt mit inzwischen 110 000 Einwohnern gleich vor der Hoteltür. So ist immer ein Blick in typisch türkisches Alltagsleben garantiert. Auch für Nachtschwärmer ist Alanya eine gute Adresse, denn die Bars und Clubs am Hafen sind die wildesten der ganzen Südküste. Zudem ist es eine sehr deutsche Stadt, denn neben den zumeist deutschen Hotelgästen besitzen inzwischen rund 9000 Deutsche Wohneigentum in Alanya; drei deutsche Zeitungen sind gegründet worden.

Der interessanteste Ausflug führt auf den Burgberg mit der **Seldschukenfestung** (direkt 13▶ S. 96). Oder aber man fährt zu den vielen Wasserlokalen im **Tal des Dim-Flusses**, wo man an heißen Sommertagen Erfrischung findet (direkt 14▶ S. 101).

Alanya-Museum 1
Damlataş Cad., Di–So 9–12, 13.30–17.30 Uhr, Eintritt 8 TL
Das Museum zeigt zumeist archäologische Stücke, etwa einen Münzschatz aus hellenistischer Zeit und eine bronzene Herakles-Statue. Dazu kommen osmanische Stücke wie Teppiche, Kalligrafie und die Einrichtung eines vornehmen Gästezimmers mit bemalter Wandvertäfelung.

Kızıl Kule (Red Tower) 2
İskele Cad., Di–So 10–12, 13.30–18 Uhr, Eintritt 8 TL
Der achteckige, 33 m hohe Rote Turm am Hafen wurde 1225 von den türkischen Seldschuken erbaut und beherbergt heute ein kleines Ethnografisches Museum. Jedes der fünf Geschosse weist einen unterschiedlichen Bauplan auf – jeweils passend für die Funktion als Lagerstätte, Wohnraum und Verteidigungsposten. Auf der obersten offe-

nen Plattform waren Bogenschützen postiert. Vom Turm kann man über die Seemauern zur **Tersane 3** gehen, der Schiffswerft der Seldschuken. Sie besaß fünf überwölbte Hallen, wo die Galeeren sicher untergebracht waren und wurde von einer viereckigen Bastion geschützt. Heute ist hier eine Ausstellung zum Schiffsbau im Mittelalter zu sehen (tgl. 8–18 Uhr, Eintritt 5 TL). Am anderen Ende gelangt man in die seldschukische Burgstadt von Alanya, wo heute immer mehr Häuser restauriert werden.

Alanya-Häuser 4
Nördlich der Atatürk Caddesi, in einer Stadterweiterung des frühen 20 Jh., wurden drei traditionelle Altstadthäuser restauriert. Baulich ähneln diese Gebäude mit einem Untergeschoss aus Stein und Fachwerkaufbauten den Häu-

Alanya

Sehenswert
1. Alanya-Museum
2. Kızıl Kule (Red Tower)
3. Tersane
4. Alanya-Häuser
5. Kale Kapı (Burgtor)
6. İç Kale (Zitadelle)
7. Adam Atacağı
8. Kloster / Münze
9. Akbeşe Mescidi
10. Karawanserei
11. Süleymaniye Camii (Moschee)
12. Ehmedek-Festung

Übernachten
1. Seaport
2. Centauera
3. Sunny Hill Alya
4. Sara

Essen und Trinken
1. Kale Panorama
2. Dizdar Cafe
3. Ravza
4. Köyum Başpınar Gaziantep
5. Sanrıç Cafe

6. Harbour
7. Güverte
8. Lokantasu
9. Green Beach

Einkaufen
1. Wochenmarkt
2. Migros
3. Derin
4. Özgür Müsik

Ausgehen
1. Bellman / James Dean
2. Maren Beach
3. Crazy Horse
4. Harry's Pub
5. Robin Hood Club
6. Club Summer Garden

Sport und Aktivitäten
1. Bootstouren
2. Damlataş Aqua Park
3. Dolphin Dive
4. Martin Türkay

---

sern in Antalya. Sie dienen nun als Restaurant, wo man in schönem Ambiente einkehren kann. Ringsum werden Souvenirs und vor allem Textilien verkauft. **Zitadelle:** 5–12, s. S. 96.

Strände
Der **Cleopatra Beach** westlich vom Burgberg ist der beliebteste Strand: teils sandig, teils feine Kiesel, mit Duschen, Kiosken und viel Wassersport. Die lange **Ostbucht** ist in Stadtnähe nicht so idyllisch; besser wird es beim Hotelzentrum Mahmutlar. Sehr ruhig ist es meist noch am kleinen **Ulaş-Strand** einige Kilometer im Westen.

Übernachten
Am Hafen – **Seaport** 1: İskele Cad. 82, Tel. 0242 513 64 87, www.hotelseaport.com, DZ/F 250–450 TL. Ein maritim gestaltetes Hotel ▷ S. 98

13 | Festung der Sultane – die Burg von Alanya

Cityplan: S. 94 | **Dauer:** Halbtagesausflug zu Fuß und per Taxi

Dunkel, groß und machtvoll, so steht die Festung von Alanya hoch über der Stadt. Doch nicht nur zahlreiche historische Bauten kann man dort entdecken, sondern auch ein noch ganz dörfliches Viertel, wo viele Traditionen lebendig blieben.

Der 250 m hohe, kegelförmige Berg von Alanya war seit frühester Zeit besiedelt und eine so gut wie uneinnehmbare Festung. Als sich dort im 1. Jh. v. Chr. die kilikischen Seeräuber verschanzten, dauerte es Jahrzehnte, bis Rom sie mit seiner Flotte niederwerfen konnte. Auch der Seldschukensultan Alaeddin belagerte die Festung jahrelang, bis er sie schließlich durch einen Vertrag bekam – ebenso wie die Tochter des byzantinischen Fürsten, die er unter dem Namen Mahperi heiratete. Alaeddin benannte die Stadt auch nach seinem Namen (ursprünglich Ala'iye) und ließ sie zum wichtigsten Hafen des Seldschukenreichs ausbauen. Bis heute blieb die gut 6,5 km lange Mauer mit 140 Türmen fast vollständig erhalten.

Auf halber Höhe sperrt die mächtigste Mauer der Befestigung den eher sanft ansteigenden Hang ab – hier lag die verwundbarste Stelle der sonst durch Steilhänge geschützten Festung. Entsprechend aufwendig wurde das **Kale Kapı** 5 angelegt: drei rechtwinklig versetzte Torbogen, von Graben, Doppelmauer und Verteidigungsbastionen geschützt. Der heutige Durchbruch in den mit Zinnen bekrönten Bruchsteinmauern entstand erst beim Bau der Asphaltstraße.

Entlang weiterer Mauern, teilweise auf hellenistischen Fundamenten, und einigen dörflichen Häusern erreicht man die **İç Kale** 6, die seldschukische Zitadelle auf der Bergspitze. Innerhalb des zinnenbekrönten Mauerrings sind nur die Ruine einer byzantinischen Kup-

13 | Die Burg von Alanya

pelkirche sowie Zisternen und Kasematten mit rautenförmigen Mauerverzierungen erhalten. Ansonsten lebte man hier in Zelten. An der legendären Hinrichtungsstätte **Adam Atacağı** [7] wurden Gefangene die Klippen hinuntergestürzt. Vorher hatten sie aber die Chance, sich zu retten: Erreichten sie mit einem Steinwurf das Meer, wurden sie ins Heer aufgenommen. Wer Mut hat, kann ja mal versuchen, ob er es schaffen würde.

Auf dem ins Meer ragenden Sporn des Burgberges erkennt man kleine überkuppelte Bauten. Im Volksmund werden sie als Münze oder Schatzhaus bezeichnet, tatsächlich handelt es sich aber um ein **Klostergebäude** [8]. Es gibt eine in den Fels gemeißelte Treppe von der Zitadelle, die aber zu unsicher und gefährlich ist, um sie zur Besichtigung zu öffnen.

Vor dem Hauptor der Zitadelle liegen die Ruinen eines seldschukischen Hamams, dort beginnt auch ein schmaler Fußpfad hinunter zur restaurierten **Akşebe Mescidi** [9], einer kleinen Grabmoschee mit stumpfem Ziegelstein-Minarett, die 1230 für den ersten seldschukischen Kommandanten erbaut wurde, der dort auch in einer Türbe begraben liegt. Gegenüber wurde ein Haus restauriert, das nun eine Ausstellung zur Seidenspinnerei zeigt.

Danach kommt man ins Zentrum der Seldschukenstadt: Die frühere **Karawanserei** [10] – errichtet unter der Karamanen-Dynastie als Nachfolger der Seldschuken – diente bis vor einiger Zeit als Hotel: Gut zu erkennen der zentrale Hof, um den die Lagerräume (später die Zimmer) lagen. Vom Bedesten, der früheren Markthalle, zeugt noch ein Rechteck verfallener Gewölbebogen.

Aus dem 16. Jh. stammt die **Süleymaniye Camii** [11] etwas weiter im Norden. Diese viereckige, überkuppelte Moschee mit kleinem Minarett wurde unter dem Osmanensultan Süleyman gebaut und ersetzte eine typisch seldschukische, halboffene Gebetshalle aus dem Jahr 1231.

Hinter der Häusergruppe nördlich der Moschee liegt malerisch auf einem Felssporn die Festung **Ehmedek** [12], die Residenz der Kommandanten von Alanya. Ihre Türme stehen auf byzantinischen Fundamenten, das verzierte Torportal gibt als Baudatum 1227 an. Eindrucksvoll vor allem der wunderbare Blick hinunter zur Stadt und zum Kleopatra-Strand.

Infos
İç Kale: tgl. 9 Uhr bis Sonnenuntergang, 20 TL, **Ehmedek:** 10 TL oder mit İç Kale-Ticket.
Um den Aufstieg zu sparen, kann man ab Hafen/Kuyularönü-Moschee ein **Taxi** nehmen und nur den Abstieg zu Fuß gehen.

Rasten mit Aussicht
Kale Panorama [1]: Kale Yolu, Tel. 0242 511 54 93. In dem Gartenlokal am Weg zur Burg sitzt man ruhig und sehr romantisch bei türkischer Grillküche. Tolle Aussicht zum Hafen, vor allem abends.
Dizdar Cafe [2]: Kale Yolu. Nettes familiäres Snack-Café, in dem die Mama noch selbst in der Küche steht. Ein schöner Sonnenplatz mit gemütlichen Korbsofas.

Souvenirs
Im Dorf an der Zufahrtstraße und rund um die Süleymaniye-Moschee verkaufen Frauen selbst hergestellte Seidentücher, Stickereien und hübsch mit Gesichtern bemalte Kürbisse.

Die Region Side und Alanya

Alanya bietet das intensivste Nachtleben an der türkischen Riviera

über dem Hafen, zentral und neu eingerichtet. Moderne Zimmer und das alles mitten im ›Bermuda-Dreieck‹ von Alanya.

Historisch – **Centauera** 2: Andızlı Camii Sok. 4, Tel. 0242 519 00 16, www.centauera.com, DZ/F ab 240 TL. Sehr schönes historisches Hotel in einem osmanischen Altbau hinter dem Kızıl Kule. Die Zimmer mit modernem Komfort und hübschen Antiquitäten; ins Zentrum 10 Min. zu Fuß.

Toller Blick – **Sunny Hill Alya** 3: Sultan Alaaddin Cad. 3, 0242 511 12 11, www.alyahotels.com, DZ/F 220–450 TL. Dieses Mittelklassehotel im coolen Designstil liegt etwas erhöht am Hang über dem Kleopatra-Strand. Mit kleinem Pool und Fitness-Gym, helle Zimmer. Zum Hafen geht man etwa 20 Min.

Am Strand – **Sara** 4: Güzelyalı Cad., Yalı Sok. 2, Tel. 0242 512 17 23, www.sarahotel.com.tr. DZ/F um 250 TL. Zwar ein Kastenhotel, doch gut ausgestattet mit 3-Sternen in der Spitzenlage am Kleopatra-Strand: kaum Straßenlärm, 3 Min. zu Fuß zum Meer. Mit Pool, Restaurant, Sauna und Hamam, angenehm gefliese Zimmer.

Essen und Trinken

Auf dem Burgberg – **Kale Panorama** 1, **Dizdar Cafe** 2: S. 97

Kebabs im Basar – **Ravza** 3: Ziraat Bankası Yanı 16, Tel. 0242 513 39 83.

Alanya

In einer Basargasse zwischen Gazipaşa und Hükümet Cad. ein typisches, einfaches Basar-Lokanta, wo die Tische in langer Reihe auf der Gasse stehen. Spezialität ist İskender Kebap: Döner-Fleisch auf Fladenbrot mit Jogurtsauce (ca. 15 TL). Gut auch fürs Frühstück oder für den Snack zu Mittag.

Gut und günstig – **Köyum Başpınar Gaziantep** [4]: Gazipaşa Cad. Tel. 0242 513 56 64. Gute türkische Küche mit Tischen am Stadtpark mit Springbrunnen; hier gehen auch die Basarhändler gern hin. Vorspeisen ab 12 TL, Hauptgerichte um 25 TL.

Küche von Alanya – **Sarnıç Cafe** [5]: Kale Yolu Cad., Tel. 0242 511 00 98, www.sarnickafe.com. Das familiäre Gartenlokal auf dem Burgberg hat eine enorme Auswahl an typisch türkischen Gemüsegerichten – ein Paradies für Vegetarier. Die Chefin Nazmiye bemüht sich zugleich, viele alte Gerichte aus Alanya auf den Tisch zu bringen, die sie von ihrer Oma gelernt hat. Vorspeisen ab 10 TL, Hauptgerichte um 20 TL.

Schick essen – **Harbour Restaurant** [6]: İskele Meyd., Tel. 0242 512 10 19. Fischrestaurant in romantischer Lage am Meer beim Kızıl Kule. Ruhige Atmosphäre, Spitzenküche, allein das Dessert-Buffet ist sehenswert. 3-Gänge-Menü mit Wein um 200 TL für 2 Pers.

Fürs besondere Date – **Güverte** [7]: İskele Cad. 70, Tel. 0242 513 49 00. Das Restaurant des Hotels Kaptan bietet eine sehr kreative mediterran-französische Küche. Auch die Nachspeisen sind ziemlich delikat. Man sitzt openair mit tollem Hafenblick, es gibt aber auch einige Tische indoor. Vorspeisen ab 15 TL, Hauptgerichte 28–55 TL, Flasche Wein ab 70 TL.

Historisches Haus – **Lokantasu** [8]: Damlataş Cad. 18, Tel. 0242 512 15 00, www.lokantasualanya.com. Ein schön renoviertes, typisch osmanisches Holzhaus mit einem großen, modern gestalteten Garten mit gemütlichen Sitzgruppen rund um einen offenen Tresen. Serviert wird gute mediterrane Küche in schickem Ambiente. Vorspeisen um 20 TL, Hauptgerichte um 40 TL, Flasche Wein um 80 TL.

Strandclub – **Green Beach** [8]: Güzelyalı Cad., Tel. 0242 512 54 89. Beach Club mit Restaurant am Ende des Kleopatra-Strands. Schöner Garten mit Kinderspielplatz, Snacks, Frühstück sowie internationale Küche mit Pizza und großer Steakauswahl, deutschsprachige Speisekarte. Snacks ab 16 TL, Hauptgerichte ab 30 TL.

Dim Çay Restaurants: S. 101f.

> Abends wird ganz **Alanya romantisch** illuminiert. Die Music Bars am Hafen blinken in allen Neonfarben, gelblich schimmern die beleuchteten Zitadellenmauern und der Kızıl Kule. Diesen Anblick genießt man z. B. schön im **Restaurant Güverte** vor dem Roten Turm. Ein toller Anblick ist aber auch der Hafen von oben, den die Restaurants am Weg zur Burg bieten.

Einkaufen

Einkaufsmeile für Gold, Teppiche und Souvenirs ist die **Hükümet Caddesi** im alten Basarviertel. Große Auswahl an (gefälschten) Markentextilien sowie Haushaltswaren und Gewürze gibt es auch im **Basarviertel** nördlich der Atatürk Caddesi. Etwas weiter nördlich, nahe dem Minibus-Platz, findet freitags auch der **Wochenmarkt** [1] statt. Ein moderner **Migros-Supermarkt** [2] hat nahe der Atatürk Caddesi geöffnet (İsmail Hilmi Balcı Cad.).

Verrückte Mode – **Derin** [3]: Atatürk Cad. 39/2, östl. der PTT, tgl. bis 22 Uhr.

Die Region Side und Alanya

Schrill und schräg ist in diesem Lädchen das Motto. Absolute Hingucker für Frauen, die sich was trauen.
Musikinstrumente – **Özgür Müsik** 4: Damlataş Cad. 17E, www.alanya-musik.de. Türkische Traditionsinstrumente wie Baglama (Saz), Mandolinen, Zurna, Kava-Flöten oder Trommeln und dazu westliche Instrumente sowie Meerschaumpfeifen oder Shishas (Wasserpfeifen).

Ausgehen

An der Party-Meile – **Bellman** 1: İskele Cad. Die Music Bar direkt unten am Hafen überzeugt mit ausgefallenem House-Mix, Feuerzauber und GoGo-Girls. Die anderen Bars dort in der Zeile (James Dean etc.) sind aber auch nicht schlechter.
Karaoke – **Maren Beach** 2: Keykubat (Ahmet Tokuş) Bulvarı 32, www.marenbeach.com/maren. Das große, beliebte Beachrestaurant am Oststrand wird nachts zur Karaoke-Bar, jeden Donnerstag ab 22.30 Uhr mit Prämierung. Auch eine kleine Tanzfläche ist vorhanden.
Lounge – **Crazy Horse** 3: Hükümet Cad. 29, www.crazyhorsealanya.com. In der klimatisierten Lounge über dem Restaurant im Erdgeschoss gibt es gute Cocktails zu cooler Loungemusik zum Tanzen.
Livemusik – **Harry's Pub** 4: İ. Azakoğlu Sok. 22, www.harrysalanya.com. Abends werden die Basargassen zur Partymeile, Harry's ist eine der wildesten Feierlocations hier. Oft Live-Bands, die meist Oldies nachspielen, selten auch Türkpop.
Latin – **Robin Hood Club** 5: İskele Cad., Gazipaşa Cad., www.robinhoodalanya.com. Vierstöckige Party-Location am Hafen, im Obergeschoss des Turmbaus tanzt man mit toller Aussicht zu Latin.
Party im Garten – **Club Summer Garden** 6: in Konaklı, 10 km westlich, www.summer-garden.com, Shuttle-Service ab Alanya (Mob. 0535 768 13 26), Restaurant Fresco tgl. ab 19 Uhr, Disco tgl. 23.30–5 Uhr. Große Party-Location mit drei Floors, Musik R'n'B und Pop, an den Floors Riesengebläse zur Kühlung, schöne Chill-out-Sofas in tropischem Garten.

Sport und Aktivitäten

Per Schiff unterwegs – Vor dem Roten Turm starten **Bootstouren** 1 um den Burgberg mit Besichtigung der **Phosphor-Höhle**, der Piratenhöhle und der kleinen Bucht **Cleopatra Pool**, an der die ägyptische Königin gebadet haben soll (ca. 60 TL). Tagesfahrten starten vor dem Club Robin Hood, z. B. nach Side oder nach Iotape.
Spaßbad – **Damlataş Aqua Park** 2: Atatürk Bulv., İsmet Tümerden Sok., tgl. 10–19 Uhr, ca. 40 TL. Der Aquapark nahe dem Museum bietet auf relativ kleiner Fläche verschiedene ›Adrenalin-Rutschen‹ und Spaßbad-Flair.
Tauchen – Die Felsküste rund um den Burgberg von Alanya ist ein interessantes Revier mit Höhlen, Tunneln und Steilabfällen. Kurse und Tauchgänge für Profis veranstaltet: **Dolphin Dive** 3, İskele Cad. 23, Tel. 0532 512 30 30, www.dolphin-dive.com, Padi-Anfängerkurs 4 Tage 320 €.
MTB-Touren – **Martin Türkay** 4: Neslihan Sok. 3/a, Tel. 0242 511 57 21, www.martin-tuerkay.de. Neben Auto- und Vespaverleih auch MTBs und Enduros. Angeboten werden zudem auch geführte Touren (im Sommer MTB, im Winter Enduro) in die Berge über Alanya, z. B. nach Obaköy, nach Hamaxia/Sinek Kale (S. 93) oder ins Dim Cayı-Tal (S. 101).
Rafting/Canyoning – **Outdoor Profis**: kein Büro, Tel. 0532 ▷ S. 103

14 | Wasserspaß am Fluss – das Dimçayı-Tal

Karte: ▶ L 7 | **Dauer:** Tagesausflug mit Abstecher in die Berge

Nur wenige Kilometer von Alanyas Stränden entfernt kommt man in den Ausläufern des Taurus auf die Yayla-Plateaus. Auf diese kühlen Hochalmen flüchtete die Bevölkerung der Strandebenen einst im Sommer mit Sack und Pack vor der Hitze. Auch heute kann man hier im Sommer Abkühlung finden.

Eines der beliebtesten Ziele ist das grüne Tal des Dim-Flusses (trk. Dimçayı) am Ostrand von Alanya. Etwa 10 km im Landesinneren wurde nach der Jahrtausendwende ein Staudamm gebaut, der die Wasser- und Stromversorgung der Stadt sicherstellen soll. Während der Stausee volllaufen musste, führte der Fluss nicht allzu üppig Wasser, doch heute sind diese Probleme behoben.

5,4 km östlich vom Platz mit der Atatürk-Statue überquert man den Dim-Fluss, kann hier aber nicht abbiegen. Daher geht es weiter bis zum Sunset Beach Hotel (900 m), wo ein U-Turn möglich ist. So biegt man in die Baraj Caddesi ein und fährt am Fluss entlang, schon bald durch bewaldetes oder landwirtschaftlich genutztes Gebiet.

Zur Tropfsteinhöhle

Nach 4,5 km biegt rechts die Straße zur **Dim Mağarası** [1] oder Dim Cave ab, die in weitem Bogen auf die Steilwand des Tals emporführt. Die Höhle in den Ausläufern des 1691 m hohen Cebel Reis ist die zweitgrößte für Besucher geöffnete Tropfsteinhöhle der Türkei. Auf 360 m Länge kann man zahlreiche bizarre, effektvoll beleuchtete Steinformationen entdecken.

Restaurants am, im und über dem Fluss

Etwas weiter am Fluss liegen dann die ersten der zahlreichen Picknicklokale am Ufer. Noch vor 10 Jahren gab es hier

Die Region Side und Alanya

nur einige improvisierte Picknickplätze. Dazu kamen dann erste einfache Lokale, seither sind die Ufer an manchen Stellen fast komplett zugebaut. Und jedes Jahr wird eifrig weitergebaut, um den Nachbarn zu übertrumpfen: mit Sitzpodesten am, im und über dem Wasser, Wasserfontänen, Wasserrutschen und mehr.

Am Stausee
Nach 9 km ist die **Staumauer** 2 erreicht, ein gewaltiger Betonklotz, der viel von der natürlichen Schönheit des Tals zerstört hat. Von dort kann man auf dem anderen Ufer zurückfahren oder man nimmt die Straße zum See hoch. Hellgrün schimmernd zieht er sich nun weit nach Norden durch die alpine Berglandschaft.

Wildromantische Schlucht
Wer jetzt noch Zeit hat, fährt von der D400 16 km nach Osten bis zum Abzweig ins Dorf Demirtaş, biegt dort links ab und erreicht nach weiteren 21 km den **Sapadere Canyon** 3 des gleichnamigen Flüsschens in den Taurus-Bergen. Auf einem Bohlenweg kann man über dem Bach bis zu einem kleinen Wasserfall wandern, am Schluchteingang gibt es ein einfaches Restaurant.

Infos
Dim Mağarası: tgl. 9–17 Uhr im Winter, 9–19 Mai und September, 9–20 Uhr Juni bis August, Eintritt 8 TL. **Keine Minibusse,** eine Vespa reicht aus. Alternativ kann man auch mit einem MTB fahren (S. 100).

Essen am Fluss
Natural Piknik 1: Baraj Cad., 6 km, Tel. 0242 518 14 16, www.naturalpiknik.com. An der ersten engeren Talstelle bietet das Natural Wasserspaß und türkische Grillküche, überall sorgen Wassersprenkler für Frische. Wer nicht weit fahren möchte, ist hier gut aufgehoben.
Pınarbaşı Piknik 2: Baraj Cad., 9 km, Tel. 0242 518 24 04, www.dimcayipinarbasi.com. Großes Wasserrestaurant fast an der Staumauer, schon fast ein Spaßbad mit Wasserrutsche und Schwimmbecken. Viele kleine Separées am Hang und im Fluss. Auch abends wunderschön. Hauptgerichte, z. B. Kuzu Pirzola (Lammkoteletts) 25 TL.

Anamur

742 82 46, www.outdoorprofis.com. Verschiedene Exkursionen auf dem Alara-Fluss und Ausflüge in die Berge.

Infos

Tourist Information: Damlataş Cad. 1, Tel. 0242 513 12 40.
Internet: www.alanya.com.tr (aktuelle Events mit Daten), www.alanya-tuerkei.de (eine Deutsche schreibt über die Türkei, sehr lesenswert).
Flughafen: Der Flughafen Gazipaşa (44 km östlich) wird inzwischen auch aus dem Ausland angeflogen.
Busse: von der Dolmuş-Station nördlich im Basarviertel häufig Verbindung zur östlichen Hotelzone (Obaköy, Mahmutlar) und zu den İncekum-Orten (Konaklı, Avsallar). **Intercity-Busstation** nördlich der Straße nach Westen, von dort ca. alle 60 Min. Verbindung nach Antalya/Side oder Adana/Anamur.
Zypern-Fähre: in der Saison 2 x/Woche per Schnellboot nach Girne/Kyrenaika (3 Std. Fahrt), Retour-Ticket 150 TL. Auch 3-Tages-Trips mit Übernachtung inkl. Führung möglich.

Ziele in der Umgebung

Neben Ausflügen in die Berge, z. B. nach Obaköy, ins Dimçayı-Tal oder zur Sinek Kale (S. 93) lohnt vor allem ein Abstecher nach Osten nach **Iotape** (direkt 15) S. 104) oder sogar weiter bis nach **Anamur**.

Anamur ▶ M 8

Da die Stadt durch das raue Bergland Kilikiens abgeschirmt wird, hat Anamur bis heute keinen nennenswerten internationalen Tourismus entwickelt. Die Kleinstadt (ca. 36 000 Einw.) lebt von der Landwirtschaft; nur im Sommer beziehen viele türkische Familien ihre Ferienwohnen am Strand des Ortsteils İskele an der Küste. Vor allem am Samstag zum Wochenmarkt hinter der Merkez Camii kann man in Anamur buntes Traditionsleben entdecken.

Mamure Kalesi

Di–So 9–17 Uhr, Eintritt 10 TL
Die Burg direkt an der Küste 6 km östlich von Anamur wurde im 13. Jh. von den Armeniern im europäischen Kreuzritterstil auf den Resten eines römischen Kastells erbaut. Anfang des 14. Jh. fiel die Festung an den Emir von Karaman, der eine Kuppelmoschee stiftete. Die zinnenbekrönte Mauer umfasst zwei Höfe; an der Westseite steht der ältere armenische Donjon, an der Ostseite ein 12-eckiger Wachtturm, den die Osmanen anfügten. Führer Sami erklärt alles sehr kompetent.

Anemourion

6 km westl., tgl. 8–18 Uhr, Eintritt 8 TL
Die antike Vorgängersiedlung von Anamur hatte ihre größte Bedeutung in der Spätantike als Hafen nach Zypern. Die Ruinen sind nicht touristisch hergerichtet, aber doch interessant: Überragt von einer armenischen Zitadelle breiten sich Grabhäuser, ein riesiges Thermengebäude und ein kleines Theater entlang dem Strand aus. Dort kann man gut baden, wenn es auch mitunter sehr windig ist.

Anamur Müzesi

İskele Meydanı, Di–So 8.30–12, 13–17.30 Uhr, Eintritt frei
Das kleine Museum in der Strandsiedlung zeigt Funde aus Anemourion und der Umgebung.

Übernachten

Strandbungalows – **Dragon Motel:** Mersin Yolu, Tel. 0324 827 13 55, www.anamurdragonmotel.com, DZ/F 140–170 TL, Suiten ab ▷ S. 107

15 | Durch das raue Kilikien – Ausflug Richtung Anamur

Karte: ▶ L 7–M 8 | **Dauer:** Als Tagesausflug mit einem Mietwagen möglich

Östlich von Alanya endet die lange Strecke der Riviera-Strände. Das alpine Taurus-Gebirge rückt ganz nah zur Küste vor und lässt nur in Flussmündungen und kleinen Buchten einen Platz für Strände. In der Antike hieß die Region Cilicia aspera, ›Raues Kilikien‹, heute sagen die Türken Taşeli Yarımadası, ›Steinige Halbinsel‹.

Diese schroffen, von ausgedehnten Wäldern bewachsenen Berghänge bilden eine wunderbare Naturlandschaft. Zumindest über die Küstenstraße kann man diese kaum besiedelte Region ganz unproblematisch entdecken.

Auch in der Geschichte war Kilikien immer berüchtigt für seine wilden Landschaften und wilden Bergstämme. Immer wieder litten die Zivilisationen Pamphyliens unter den Überfällen der Isaurier, die schließlich den östlichen Mittelmeerhandel terrorisierten, als sie Alanya zu ihrer Piratenfestung machten. Heute baut man an den sonnenverwöhnten Küstenhängen zum Meer Bananen an. Keine ›Chiquitas‹ jedoch, sondern die kleine kanarische Zwergbanane, die deutlich süßer und aromatischer ist. An Ständen an der Straße wird sie verkauft – unbedingt mal probieren!

Im Bananenland

Der erste Stopp ist bereits 20 km östlich von Alanya-Zentrum. Nach dem Ende der langen Hotelzone geht es nach **Syedra** [1], einer antiken Stadt im Bananenanbaugebiet östlich von Alanya. Etwa 1 km hinter dem Hotel Utopia World biegt man links in die Berge und fährt in Serpentinen auf den markanten Akropolis-Berg zu. Vom großen Parkplatz steigt man auf Fußpfaden zu den Ruinen hoch, die teils in Macchia-Buschwerk verborgen sind.

Da es auf dem Hügel eine artesische Quelle gab, war der Platz vermutlich seit Jahrtausenden besiedelt, schriftlich taucht der Ortsname Syedra jedoch erst im 1. Jh. v. Chr. auf. Aus der Zeit des Kaisers Septimius Severus wurde auf der Agora eine Weihinschrift gefunden, in der die Stadt für ihren tapferen Kampf gegen kilikische Räuber gelobt wird.

Der ansteigende Pfad führt zu den hohen Mauern einer Thermenanlage, rechts haltend erreicht man eine Säulenstraße entlang einer Terrassenmauer über der sich eine byzantinische Kirche erhebt. Von dort oben hat man einen schönen Blick auf die Hotelzone von Alanya. Südwestlich unterhalb der Agora ist das Theater fast völlig von Macchia überwachsen.

Badebucht mit Ruinen

Links steile Bergflanken, rechts Steilhänge zum Meer – so kommt man durch Bananenplantagen nach **Iotape** 2 (35 km). Unterhalb der Straße liegen zwei Badebuchten, die von antiken Ruinen gesäumt werden. In der größeren, westlichen Bucht gibt's ein Strandlokal.

Die Stadt war von Antiochos IV., dem König von Kommagene (38–72 n. Chr.), gegründet worden, nachdem Kaiser Claudius ihn mit der Befriedung Kilikiens betraut hatte. Er nannte die Siedlung nach seiner Gemahlin Iotape und benutzte sie als Brückenkopf zum Handel mit den Isauriern. Noch bis zur Regierungszeit von Kaiser Valerianus (253 n. Chr.) schlug Iotape eigene Münzen mit dem Kaiserbild.

Auf dem Felsen zwischen den beiden Buchten lag die antike Akropolis als militärische Festung. An der Engstelle zwischen den Buchten verlief die mit Säulen gesäumte Hafenstraße, an der die Statuen verdienter Bürger standen. Die Bogenmauern am Ostrand der zweiten Bucht markieren ein Thermengebäude, dahinter, also noch östlich der das Stadtgebiet durchschneidenden Straße, lag ein Tempel für den Kaiserkult und eine Basilika, ein römisches Verwaltungs- und Gerichtsgebäude. Auf dem Hügel im Norden findet sich die Nekropole, doch wurden viele Gräber beim Bau der Bananenterrassen zerstört.

Der tote Kaiser

Nur 3 km hinter Iotape ist die Ebene von **Gazipaşa** erreicht, die von einem neuen, lange umstrittenen Flughafen durchschnitten wird. Die Kleinstadt (24 000 Einw.) lebt hauptsächlich von der Landwirtschaft, Gewächshäuser aus Plastikplanen bedecken weite Teile der Ebene. Besonders pittoresk ist der Ort freitags, wenn im Zentrum der große Wochenmarkt stattfindet.

Gazipaşa hieß in der Antike **Selinus** 3 und ist bekannt als Ort, an dem Kaiser Traianus am 8. August 117 n. Chr. auf der Rückkehr von seinem gescheiterten Feldzug gegen die Parther starb. Bei der Fahrt zu dem noch kaum erschlossenen Sandstrand sieht man ein Stück des Aquädukts. Der Hügel hinter dem Hafen war die Akropolis, gleich an ihrem Fuß steht das monumentale Grabdenkmal des Kaisers, im Volksmund Şekerhane Köşkü genannt. Weitere Reste spätantiker Gebäude sind auf der Anhöhe zu entdecken. Den Hügel gegenüber krönt eine armenische Festung des 12. Jh.

Auf der Klippe

Etwa 18 km hinter Gazipaşa, die Straße ist inzwischen wieder in die Berge hochgestiegen, zweigt beim Dorf Güneyköy eine Straße nach rechts ab. Erst über Asphalt, dann über eine passable Piste geht es ca. 7 km durch die Hügel bis zur antiken Stadt **Antiocheia ad Cragum** 4. Der Ort war wie auch Iotape eine Gründung des Königs Antiochos IV.,

Die Region Side und Alanya

durch die den Isauriern die römische Zivilisation nähergebracht werden sollte.

Kurz vor einer Bauernsiedlung verläuft links der Piste die Kolonnadenstraße mit den Doppeltürmen eines Triumphtores, die an das hellenistische Perge-Tor erinnern. Östlich gegenüber den Türmen lagen die Thermen, nördlich davon ein Tempel.

Auf der anderen Seite endet die Straße bei einer Basilikalkirche aus frühbyzantinischer Zeit und dem Gymnasium mit einem gut erkennbaren Hof zur Leibesertüchtigung. Südlich erhebt sich der Akropolis-Felsen, direkt nördlich, am übernächsten Straßenknick, liegen Grabbauten der Nekropole auf der rechten Straßenseite.

Man kann dann noch 2 km weiter zum Hügel mit der armenischen Zitadelle fahren, muss allerdings den letzten Weg zu Fuß erklettern (festes Schuhwerk nötig!). Die Burg liegt auf der 300 m hohen Steilküste zum Meer und wird im Volksmund Antonius Kalesi genannt. Schön ist die Aussicht auf das hoch über dem Meer gelegene Stadtgebiet (ad Cragum = an der Klippe). In der Bucht unter dem benachbarten Felsen mit einer zweiten Nekropole kann man einsam, wenn auch nicht immer unbeobachtet, baden.

Infos
Syedra, Iotape und **Antiocheia ad Cragum:** frei zugänglich. Evtl. bieten sich Anwohner als Führer an, als Bakschisch sollte man 10 TL kalkulieren. **Minibusse** Richtung Anamur etwa alle 30 Min. ab Atatürk-Statue. Bis Iotape kommt man auch gut mit Vespa oder MTB.

Badestopps
Bis Iotape führt die Straße am Meer entlang. Schöne Badeplätze gibt es beim Restaurant **Seki Beach** 1, ein Kieselstrand mit vorgelagerten Schnorchelfelsen. Auch bei Iotape kann man in der Bucht des **Kale Restaurant** 2 in sauberem Wasser gut tauchen.

Zwischenübernachtung
Delfin Hotel 1: Gazipaşa, Selinus Plajı, Kemer Cad. 52, Tel. 0242 572 49 86, www.gazipasadelfinhotel.com, DZ/F 140 TL. Familiäres Kleinhotel etwas abseits vom Strand (zu Fuß ca. 5 Min.), rechts der Zufahrtstraße am Hügelfuß. Die Zimmer eher einfach, aber in Ordnung. Freundliche, typisch türkische Atmosphäre.

Anamur

Ein außergewöhnlicher Turm schützt die Burg Mamure Kalesi bei Anamur

170 TL. Ländliches Motel im Obsthain direkt am Strand, etwas außerhalb der Stadt bei der Mamure-Burg. Einfache, aber angenehme Zimmer in Holzbungalows, nett familiär, mit Restaurant.
Hotel in İskele – **Luna Piena:** İskele Mah., Tel. 0324 814 90 45, www.hotellunapiena.com, DZ/F um 170 TL. Großes Mittelklassehotel östlich vom Hafen, gut geführt, saubere, gepflegte Zimmer mit AC. Nah zum Strand an der Mündung des Dragon Çayı.

Essen und Trinken

Strandlokale – Restaurants findet man nahe Mamure Kalesi und am Hauptplatz in İskele. Dort gilt das **Kap Anamur Hotel & Restaurant** (İskele Meyd., Tel. 0324 814 23 73, www.hotel-kap-anamur.com) als eines der besten der Stadt: Fisch und Fleisch vom Grill auf einer verglasten Terrasse.

In der Stadt – Einfache Lokanta mit großer Auswahl gibt es im Umkreis der Busstation, etwa das **Güleryüz** (Tel. 0324 816 66 16), das Kebabs und Schmorgerichte anbietet. Allerdings kein Alkoholausschank.
Picknick-Ausflug – Ein schöner Ausflug führt ins Inland Richtung Ermenek zum **Sevgi Piknik,** wo man an einem Gebirgsbach frische Forelle vom Grill essen kann. Mit kleinem Badestrand, Pedalo-Verleih und sogar einer Wasserrutsche (20 km nördlich Richtung Çaltıbükü, Tel. 324 832 57 52).

Infos

Busstation an der Durchgangsstraße; alle 2 Std. Richtung Antalya/Alanya bzw. Tarsus/Silifke. Nach Anemourion per Taxi, wenn man nicht mit dem Mietwagen unterwegs ist (Abholen vereinbaren!).

Ausflüge ins Inland

Bislang hat der enorme Besucherstrom an die türkische Südküste das Inland noch kaum erreicht. Einerseits gibt es direkt am Mittelmeer genug zu sehen, und auch Vegetation und Klima sind deutlich angenehmer. Zudem ist das Inland touristisch auch längst nicht so weit entwickelt wie die mediterrane Region.

Es gibt aber einige Ziele im Inland, die durchaus einen Abstecher über die beiden Passstraßen des westlichen Taurus lohnen: Zu den neuen Grabungen von Sagalassos, an den See von Eğirdir, nach Konya oder sogar nach Pamukkale oder Kappadokien.

Bus oder Auto?

Alle diese Ziele sind mit einem der relativ preiswerten Mietwagen unproblematisch zu erreichen, manche werden aber auch mit organisierten Busausflügen angesteuert. Bei diesen Touren muss man sich um nichts mehr kümmern, jedoch ist der Zeitrahmen aber oft viel zu eng gesteckt. So bleibt meist zu wenig Zeit, sei es für Besichtigungen, sei es für persönliche Erlebnisse. Von den berüchtigten langen Pausen bei der ›Teppichfabrik‹ oder dem ›Goldgroßhändler‹ ganz abgesehen.

Mit eigenem Wagen bestimmt man selbst, wo man rastet oder wo man kauft. Hinweise zu den Verkehrsregeln liest man auf S. 27, ansonsten sollte man als Grundregel beachten: defensiv fahren und sich nicht vom hupenden Hintermann irritieren lassen. Er will nur sagen, dass er gern überholen möchte. Und dann soll er halt.

Sagalassos und Burdur ▶ H 5

Sagalassos tgl. 9 Uhr bis Sonnenuntergang, Burdur-Museum Di–So 8.30–12, 13–17.30 Uhr, Eintritt jeweils 8 TL

Sagalassos ist eine der aktuell spannendsten Ausgrabungen der Türkei. Die in römischer Zeit zweitgrößte Stadt der Region Pisidien liegt auf 1500 m Höhe – in völlig kahler Felsödnis hoch über der heutigen Waldgrenze.

Die Stadt bestand schon zur Zeit der Hethiter, in römischer Zeit wurde Sagalassos mit bedeutenden öffentlichen Bauten ausgestattet. Da aufgrund der abgeschiedenen Lage so gut wie keine Plünderung möglich war, können die belgischen Archäologen (www.sagalassos.be) heute fast alle Bauten aus den Originalwerksteinen rekonstruieren.

Einen großartigen Anblick bietet das Theater, aber auch zwei Agoren, eine gut 1000 m lange Kolonnadenstraße und das Bouleuterion, das antike Rathaus des 1. Jh. v. Chr., beeindrucken durch ihre Lage in der Gebirgslandschaft.

Anschließend lohnt die Fahrt nach **Burdur,** dessen archäologisches Museum bedeutende Funde aus den belgischen Grabungen in Sagalassos präsentiert. In der Altstadt des alttürkischen Städtchens kann man viele

Antiocheia

historische Bauten entdecken. Freitags findet rund um die 1299 erbaute Ulu Cami ein pittoresker Wochenmarkt statt.

Essen und Trinken

Traditionsküche – **Sagalassos Restaurant:** Ağlasun, an der Straße zum Ausgrabungsgelände. Nett und freundlich geführtes Gartenrestaurant mit türkischer Traditionsküche, gut für eine Zwischenpause.

Mit Paulus nach Antiocheia ▶ nördl. J 4

Tgl. 9 Uhr bis Sonnenuntergang, Eintritt 8 TL

Antiocheia ad Pisidiam, noch etwas nördlich von Sagalassos, wurde berühmt als wichtige Station des Apostels Paulus auf seiner ersten Missionsreise. Der Kirchenvater zog im Herbst des Jahres 46 von Perge nach Norden und überwinterte in Antiocheia in Pisidien, wo er die Prinzipien der Heidenmission entwickelte. Antiocheia, am Ostrand der heutigen Kleinstadt Yalvaç gelegen, war damals eine römische Großstadt.

Kaiser Augustus hatte in der ursprünglich pisidischen Siedlung Veteranen ansiedeln lassen und der Kolonie ein prachtvolles Forum geschenkt. Die Bauten könnten sich mit denen von Rom messen, hieß es damals. Über die gepflasterte antike Hauptstraße, den Decumanus Maximus, geht man wie einst Paulus am Theater vorbei zum Tiberius-Forum und weiter zum Augustus-Tempel mit seiner halbkreisförmigen, zweistöckigen Stoa.

Übernachten und Essen

Das beste Quartier ist in der Stadt **Eğirdir** am gleichnamigen See zu finden,

In Sagalassos wird nicht nur viel ausgegraben, sondern auch viel restauriert

Ausflüge ins Inland

auf halber Strecke zwischen Sagalassos und Antiocheia. Auf der vorgelagerten, über einen Damm erreichbaren Insel im See gibt es viele eher einfache Pensionen.
Tipps und mehr – **Fulya Pension:** Kale Mah., Cami Sok. 9/2, Tel. 0246 311 21 75, www.fulyapension.com, DZ/F 150 TL. Freundlich familiär geführte Pension in zweiter Reihe hinter der Burg. Eher einfache Zimmer, aber viele Angebote und Tipps für Touren (Boot, MTB, Wandern) in der Umgebung.

> Der **St. Paul Trail** ist eine echte Herausforderung: Von Perge führt der Wanderweg über den Taurus bis nach Antiocheia in Pisidien. Dabei folgt man den Spuren des Apostels durch eine Gegend, die zu seiner Zeit deutlich zivilisierter war als heute. Stellenweise sind aber tatsächlich noch die römischen Pflasterstraßen erhalten. Den Weg hat Kate Clow in ihrem Buch »St Paul Trail« detailliert beschrieben. Bei Seb Tours (www.sebtours.de) kann man geführte Wanderungen buchen.

Pamukkale ▶ F 4

Pamukkale/Hierapolis: tgl. 9–17 Uhr, im Sommer 19 Uhr, Eintritt 25 TL. Museum: tgl. 9–18 Uhr, letzter Einlass 17 Uhr, Eintritt 8 TL.
Die Sinterterrassen von Pamukkale wurden berühmt als eines der außergewöhnlichsten Naturwunder der Türkei. Reinweißer Kalk, der aus vulkanischem Thermalwasser aussintert, hat einen ganzen Berghang wie mit Puderzucker überzogen. Bereits in der Antike gab es hier einen Thermalbadeort, dessen Ruinen die zweite Attraktion des Orts sind. Von Antalya benötigt man für die 250 km etwa 4 Stunden, von Burdur über die schnellere Strecke via Dinar 2,5 Stunden (180 km).

Übernachten
Im Dorf – **Traverten Hotel:** Pamukkale, Zakkum Sok. 3, Tel. 0258 272 21 54, www.hotelscombined.com, DZ/F um 150 TL. Schönes, familiär geführtes Mittelklassehotel im Dorfzentrum mit vielen Restaurants nahebei. Eher einfache Zimmer, aber mit Pool.
Thermalhotel – **Colossae Thermal:** Karahayıt, Tel. 0258 271 41 56, www.colossaehotel.com, DZ/F um 300 TL. Neben den Pensionen im Dorf hat man auch noch einige große Thermalhotels in Karahayıt, 5 km nördlich, zur Auswahl. Das Colossae bietet auch ein Indor-Thermalbad, Spa-Anwendungen und türkisches Hamam. Die Zimmer sind etwas plüschig, aber okay.

Essen und Trinken
Mit Internet – **Kayaş Wine House:** Atatürk Cad. 3. Türkische Grillküche in großer Auswahl, auch einige asiatische Gerichte. Dazu Wein oder Nargile (Wasserpfeife), Sat-TV über Großbildschirme. Über WLAN (WiFi) kann man umsonst ins Internet. Hauptgerichte ab 16 TL.

Beyşehir ▶ K 5

Neben der der Passstraße nach Burdur gibt es eine zweite, die von Manavgat nach Norden führt. Das anatolische Hochland erreicht sie bei Beyşehir, um 1300, während des Niedergangs der Seldschukenherrschaft, die Hauptstadt eines türkischen Emirats.

Das Städtchen liegt ganz malerisch am gleichnamigen See, in den hier ein Kanal mittels eines markanten Stauwehres einmündet. Vor allem in dessen Umgebung an der Atatürk Caddesi findet man nette Lokale und Restaurants.

Konya

Der berühmte türkise Turm des Mevlana-Museums in Konya

Sehr außergewöhnlich ist die 1299 erbaute **Eşrefoğlu-Moschee** im Zentrum, mit 46 Stützen aus Holz die größte der frühtürkischen ›Holzsäulenmoscheen‹ in Kleinasien.

Konya ▶ M 4

Östlich des Beyşehir-Sees erstreckt sich die weite Hochebene des Konya-Beckens. In ihrem Zentrum liegt Konya, mit ca. 1,5 Mio. Einwohnern die sechstgrößte Stadt der Türkei. Das römische Ikonium, ursprünglich eine Gründung der Hethiter, war eine der Metropolen Kleinasiens, in der auch der Apostel Paulus missionierte. Unter Sultan Alaeddin Keykubat erlebte Konya in den Jahren 1219–1236 als Residenz- und Hauptstadt des seldschukischen Reichs eine Blütezeit.

Der Sultan begründete durch eine Schenkung auch das berühmte **Mevlana-Kloster** des islamischen Philosophen Celaleddin Rumi, das mit seinem türkisblauen Kegeltürmchen bis heute das Wahrzeichen der Stadt ist.

Neben dem immer noch sehr verehrten Kloster mit dem Grab des Mevlana ist auch der ehemalige **Zitadellenhügel** mit den Resten der Seldschukenresidenz und das Archäologische Museum südlich davon sehenswert. Konya ist eine sehr religiöse Stadt, wo Alkohol nur in Hinterzimmern ausgeschenkt wird, zugleich aber noch sehr ursprünglich, vor allem im großen Basarviertel zwischen Zitadelle und Kloster.

Übernachten

Komfortabel – **Bera Mevlana:** Mevlana Cad. 55, Tel. 0332 350 42 42,

Ausflüge ins Inland

www.booking.com, DZ/F um 200 TL. Gut ausgestattetes Haus der oberen Mittelklasse mit Dachterrassen-Restaurant. Zimmer mit Internetanschluss.

Essen und Trinken
Gute Traditionsküche – **Şifa Lokantasi:** Mevlana Cad. 29, Tel. 0332 352 05 19. Beliebtes Lokal mit traditioneller türkischer Küche, auch Schmorgerichte und Firin Kebap, die Spezialität Konyas: zartes, aber ziemlich fettes Schmorlamm (auch Tandır genannt).

Kappadokien ▶ Karte 3

Kappadokien ist auf jeden Fall die außergewöhnlichste türkische Landschaft. Von Side braucht man gute 6 Stunden Fahrt (500 km), von Konya noch 3 Stunden (250 km). Ein Ausflug lohnt nur bei genügend Zeit – 3 Tage sollten das Minimum sein. An der Südküste werden auch kürzere Trips angeboten, doch ist das kaum empfehlenswert. Besser fährt man da mit einem Mietwagen. Der Ort Göreme, Zentrum des Kappadokien-Nationalparks, ist ebenso touristisch wie die Rivieraküste.

In Kappadokien formte Erosion durch Wind und Wasser vulkanische Ablagerungen zu einer märchenhaften Landschaft. Durch die Eruptionen der heute erloschenen Vulkane überlagerten sich mehrere Schichten vulkanischen Materials von unterschiedlicher Festigkeit. Dort, wo sich eine Schicht aus härterer Basaltlava über Tuff gelegt hatte, konnte die Erosion das weichere Tuffgestein nicht abtragen. So bildeten sich die typischen Felskegel (englisch *fairy chimneys,* ›Feenkamine‹, genannt). Peribacaları nennen die Türken diese phallusartigen Felsgebilde, wie sie etwa im ›Love Valley‹ bei Göreme bestaunt werden können.

Göreme und die umliegenden Dörfer wie **Uçhisar** und **Ürgüp** bilden den Mittelpunkt deser Landschaft. Hier ist irgendwie alles in den Fels gehölt: Kirchen, Klöster, Häuser, Ställe. Der weiche Tuffstein bot wenig Widerstand, und so konnte man vielerlei Formen nachbilden. Besonders spektakulär ist der Wohnfelsen von **Uçhisar,** der von Höhlenwohnungen wie durchlöchert ist. Aber auch unter die Erde gruben die Menschen, höhlten echte unterirdische Städte aus dem Felsen wie **Derinkuyu** oder **Kaymaklı.** Heute kann man in solchen Höhlen auch übernachten, denn in den uralten Wohnhöhlen haben sich nun hippe Hotels etabliert.

Übernachten
Historisches Flair – **Göreme House:**

Kappadokien

Göreme, Eselli Mah. 47, Tel. 0384 271 20 60, www.booking.com, DZ/F 180–300 TL. Eine historische Karawanserei, schick mit Antiquitäten eingerichtete Gewölbezimmer, teils in den Felsen. Gutes Restaurant auf der Terrasse.

Zimmer im Fels – **Kaya Pension:** Uçhisar, Tel. 0384 219 24 41, www.booking.com, DZ/F ab 150 TL. Vor dem Burgfelsen von Uçhisar eine familiär geführte Pension, auch mit Höhlenzimmern, Garten und Frühstücksterrasse. Teils einfache, teils hübsch in türkischem Stil eingerichtete Zimmer.

Essen und Trinken

Historisches Flair – **À la Turca:** Göreme, İçeridere Cad., Tel. 0384 271 28 82, www.alaturca.com.tr. Eines der schönsten Restaurants in Göreme, ganz edel in türkischem Stil eingerichtet. Vom Frühstück bis zum Abenddiner wird hier für alles gesorgt. Internationale und türkische Küche ab 35 TL.

Preisgekrönt – **Restaurant Lil'a:** Uçhisar, Tekeli Mah. 1, im Museum Hotel, Tel. 0384 219 2220, www.lil-a.com.tr. Das beste Haus am Platz für ein feines abendliches Dinner in historischem Ambiente. Preisgekrönte, moderne türkische Küche, die beiden Chefs bieten auch Kochkurse an. Menü mit Wein ca. 150 TL.

Aktiv

Ballonflüge – **Kapadokya Balloons:** Göreme, A. Menderes Cad., Tel. 0384 271 24 42, www.kapadokyaballoons.com. Tourdauer ca. 1,5 Std.; warme Sachen mitnehmen!

Heißluftballon über dem Love Valley bei Göreme in Kappadokien

Sprachführer Türkisch

Auch ohne türkische Sprachkenntnisse kommt man an der türkischen Riviera gut zurecht; fast alle, mit denen man als Tourist zu tun hat, sprechen Deutsch, zumindest aber Englisch. Abseits der ›Touristenmeilen‹ braucht man jedoch einige türkische Sätze; oft gibt es aber ehemalige Gastarbeiter, die Deutsch können. Wichtig für die Verständigung ist die richtige Betonung. Fast immer wird auf der ersten Silbe betont und nicht auf der Wortmitte wie im Deutschen.

Aussprache

c wie dsch; cami (Moschee) = *dschami*
ç wie tsch; kaç (wie viel) = *katsch*
e wie ä; evet (ja) = *äwät*
ğ als Längung nach a, ı, o, u; dağ (Berg) = *daa*
– wie j nach e, i, ö, ü; değil (nicht) = *dejil*
h wie in Hans vor Vokal; wie ch in ›Macht‹ nach dunklem Vokal; bahçe (Garten) = *bachtsche*
– wie ch in ›ich‹ nach hellem Vokal; salih (fromm) = *salich*
ı wie das dumpfe e in laufen; halı (Teppich) = *hale*
j wie g in leger; plaj (Strand) = *plaasch*
s scharfes s wie in Masse; su (Wasser) = *ßu*
ş wie sch; şelale (Wasserfall) = *schelale*
v wie in Wut; ve (und) = *we*
– hinter a wie u; pilav (Reis) = *pilau*
y wie j; yol (Weg) = *jol*
z s wie in Rose; güzel (schön) = *güsel*

Begrüßung und Höflichkeit

Guten Tag!	İyi günler!
Guten Abend!	İyi akşamlar!
Auf Wiedersehen!	Allaha ısmarladık (sagt der, der geht. Der, der bleibt, sagt: Güle, güle [letzte Silbe betont])
Hallo!	Merhaba!
ja/nein	evet/hayır
gut/schlecht	iyi/kötü
Bitte!	Lütfen!
Bitte sehr!	Buyurun!
Danke!	Teşekkürler!
Danke Ihnen!	Teşekkür ederim!
Entschuldigung!	Pardon!
Nichts, keine Ursache	bir şey değil
In Ordnung, okay	tamam
Freund	arkadaş (arkadasch)
mein Lieber	aşık (aschek)

Reisen

Haltestelle	durak
Bus	otobüs
Fahrkarte	bilet
Hafen	liman
Schiff, Fähre	gemi
Auto	araba
Reifen	lastik
Eingang	giriş (girisch)
Ausgang	çıkış (tschekesch)
nach links/rechts	solda/sağda
geradeaus	dosdoğru
zurück	geri
Vorsicht	dikkat
Bank	banka
Post	posta
Kirche	kilise
Museum	müze
Strand	plaj (plaasch)
Brücke	köprü
Platz	meydan
geöffnet	açık
geschlossen	kapalı
es gibt	var
es gibt nicht	yok
groß	büyük
klein	küçük (kütschük)

Übernachten

Pension	pansiyon
Hotel	otel
Zimmer	oda
Dreibettzimmer	üç kişilik oda
Toilette	tualet
Dusche	duş (dusch)
Gepäck	bagaj (bagaasch)
Rechnung	hesap

Einkaufen

Supermarkt	süpermarket
Markt	pazar (basar)

Sprachführer

Markthalle	çarşı (tscharsche)	Dienstag	salı
Geld	para	Mittwoch	çarşamba
Kreditkarte	kredi kartı	Donnerstag	perşembe
zu teuer	çok pahalı	Freitag	cuma (dschuma)
drei Stück	üç tane (ütsch tanä)	Samstag	cumartesi
zwei Kilo	iki kilo	Sonntag	pazar (basar)
genug	yeter		

Notfall

Hilfe!	yardım (jardem)
wo ist …?	… nerede (närde)?
Polizei	polis
Arzt	doktor
Krankenhaus	hastane
Apotheke	eczane (edschsane)
Unfall	kaza
Panne	arıza

Zeit

heute	bugün
morgen	yarın
morgens	sabahleyin
abends	akşamları
vor/nach	önce/sonra
früh/spät	erken/geç
Montag	pazartesi

Zahlen

0	sıfır	17	on yedi
1	bir	18	on sekiz
2	iki	19	on dokuz
3	üç	20	yirmi
4	dört	21	yirmi bir
5	beş	25	yirmi beş
6	altı	30	otuz
7	yedi	40	kırk
8	sekiz	50	elli
9	dokuz	60	altmış
10	on	70	yetmiş
11	on bir	80	seksen
12	on iki	90	doksan
13	on üç	100	yüz
14	on dört	500	beş yüz
15	on beş	1000	bin
16	on altı	10 000	on bin

Die wichtigsten Sätze

Allgemeines
Ich verstehe nicht. Anlamıyorum.
Wie heißen Sie? Adınız ne?
Ich heiße … ! Beni adım … !
Wie geht's? Nasılsın? (per Du)?
Sehr gut! Çok iyiyim!
Sprichst du Deutsch? Almanca bilir misin?
Wie spät ist es? Saat kaç?

Unterwegs
Wo ist …? … nerede bulunur?
Welcher Bus geht nach …? …e (a) hangi otobüs gider?
Wann fährt der Bus ab? Otobüs ne zaman geliyor?
Bitte anhalten! Lütfen durun!
Ist das der Weg nach … ? Bu …e (-a) giden yol mu?
Wir haben es eilig! Acelimiz var!
Haben Sie ein freies Zimmer? Tek boş oda var mı?

Notfall
Ich möchte telefonieren. Telefon açmak istiyorum.
Wo ist die nächste Apotheke? En yakın eczane nerede?

Einkaufen
Was wünschen Sie? Buyurunuz?
Ich möchte … … istiyorum!
Wie viel kostet das? Bu ne kadar?
Das ist teuer! Çok pahalı!

In der Bar
Gibt es (Bier)? (Bira) var mı?
Wo ist die Toilette? Tuvalet nerede?
Woher kommst Du? Nerelisiniz? (närälnissinis)
Du siehst toll aus! Çok şıksın! (tschok schekssen)
Bist du verheiratet? Evli misin?
Lass das! Yapma!
Lassen Sie mich in Ruhe! Beni rahat bırakın!

Kulinarisches Lexikon

Frühstück (kahvaltı)

kahve *(kachve)*	Kaffee
çay *(tschai)*	Tee
şeker *(scheker)*	Zucker
türk kahvesi, orta şekerli *(schäkärli)*	Mokka, mittelsüß
ekmek	Brot
tereyağı *(tere'ja'e)*	Butter
reçel *(retschäl)*	Konfitüre
bal	Honig
peynir	Käse
sucuk *(ssudschuk)*	Wurst
yumurta (-lar)	Ei (-er)
sahanda yumurta	Spiegelei
hiyar	Gurke
domates	Tomate
zeytin (-ler)	Olive (-n)

Suppen (çorbalar)

balık çorbası	Fischsuppe
düğün çorbası	›Hochzeitssuppe‹: Fleischbrühe mit Ei
ezme sebze çorbası	passierte Gemüsesuppe
güzel hanım çorbası	›Schöne-Frauen-Suppe‹ (mit Nudeln und Hackfleischbällchen)
işkembe çorbası	Kuttelsuppe
mercimek çorbası	Linsensuppe
yayla çorbası	Reissuppe mit Jogurt und Pfefferminze

Salate und Pürees (mezeler)

antep ezme	scharfes Püree aus Tomaten u. Peperoni
arnavut çiğeri	gebratene Leber mit rohen Zwiebeln
cacık *(dschatschek)*	Jogurt mit Gurke und Dill
çerkes tavuğu	Paste aus Hühnerfleisch
çoban salatası	›Hirtensalat‹: Tomaten, Gurken, Paprika
haydari	Püree aus Jogurt, Schafskäse, Kräutern
humus	Kichererbsenpüree
imam bayıldı	›Der Imam fiel in Ohnmacht‹ – Auberginen in Olivenöl
koç yumurtası	gedünsteter Hammelhoden
kokoreç	Innereienwürste
midye tava	Muscheln in der Pfanne
mücver	ausgebackene Bällchen aus geraspelten Zucchini
patates	Kartoffeln, Pommes frites
patlıcan ezmesi	Auberginenpüree
patlıcan kızartması	gebratene Aubergine
piyaz	weiße Bohnen in Essig und Öl
sigara böreği	gebackene Teigröllchen mit Schafskäse
tarama	Fischrogencreme
yaprak dolması	gefüllte Weinblätter

Grillgerichte (ızgaralar)

adana kebap	Hackfleisch am Spieß gegrillt (scharf)
biftek	Beefsteak
bonfile	Filet
çöp şiş	kleine Fleischstücke auf Holzspießen
döner kebap	Fleisch vom Drehspieß
iskender kebabı	Döner auf Fladenbrot mit Jogurt
ızgara köfte	Hackfleischbällchen
kuzu pirzolası	Lammkotelett
piliç izgara	Hühnchen vom Rost
şiş kebap	Fleisch am Spieß

Schmorgerichte (suyu yemekler)

biber dolması	gefüllte Paprika
etli bamya	Okraschoten mit Lammfleisch
etli kağıt kebabı	Lammkebab in Pergamentpapier
fasulye pilaki	weiße Bohnen in Tomatensauce
güveç	Auberginen-Fleisch-Eintopf

Kulinarisches Lexikon

İzmir köfte	Hackfleischbällchen mit Kartoffeln und Tomatensauce
musakka	Auberginen mit Hackfleisch
saç kavurma	auf dem Blech gegartes Lammfleisch
soğanlı yahni	Lamm mit Zwiebeln in Zimtsauce
tandır	im Tontopf gegartes Fleisch, meist Lamm
tas kebap	Rindfleisch mit Zwiebel, wie Gulasch
türlü	Fleisch mit Gemüse

Fisch und Meeresfrüchte

ahtapot	Oktopus
alabalık	Forelle
barbunya	Meerbarbe
çupra	Goldbrasse
istakoz	Languste
kalkan	Steinbutt
karides	Krevetten
kılıç balığı	Schwertfisch
levrek	Meerbarsch
midye	Muscheln
mercan	Rotbrasse
orfoz	Riesenbarsch
ton balığı	Tunfisch
uskumru	Makrele

Teiggerichte und Eierspeisen

gözleme	dünner Teig mit Schafskäse
ispanaklı börek	Spinat in Blätterteig
lahmacun	türkische Pizza
mantı	türkische Ravioli, mit kalter Jogurtsauce
menemen	Rührei mit Zwiebeln, Tomate und Paprika
su böreği *(ssu börä'i)*	Nudelblätter mit Käsefüllung

Dessert (Tatlılar)

aşure	Trockenobst u. Nüsse in Zuckersauce
baklava	Blätterteig mit Nussfüllung in Honigsirup
dondurma	Speiseeis
helva	türkischer Honig
hoşmarim	Pfannkuchen
kadayıf	süße Fadennudeln
lokma	Hefebällchen in Zuckersirup
lokum	Geleekonfekt in vielen Sorten
revani	Grießkuchen
sütlaç	Reismehlpudding

Obst (meyve)

elma	Apfel
erik	Pflaume
karpuz *(karpus)*	Wassermelone
kavun	Honigmelone
kayısı *(kajesse)*	Aprikose
muz *(mus)*	Banane
portakal	Orange
şeftalı *(schäftale)*	Pfirsich
üzüm *(üsüm)*	Weintraube
vişne *(vischnä)*	Kirsche

Getränke

bira	Bier
şarap *(scharap)*	Wein
süt	Milch
su	Wasser
portakalsuyu	Orangensaft

Im Restaurant

Die Speisekarte, bitte. Menü, lütfen.	**Gabel** çatal
Ich möchte … İstiyorum …	**Löffel** kaşık
Ich hätte gern Wasser! Su istemiştim!	**Teller** tabak
Bitte eine Flasche Wein! Bir şişe şarap, lütfen!	**Serviette** peçete
	Glas bardak
Nicht scharf! Acı yok! *(adsche yok)*	**Flasche** şişe *(schischä)*
Guten Appetit! Afiyet olsun!	**Brot** ekmek
Zahlen, bitte! Hesap, lütfen!	**Salz/Pfeffer** tuz/biber
Prost! Şerefe! *(schäräfä)*	**eine Portion** bir porsiyon
Messer bıçak	**heiß/kalt** sıcak/soğuk

Register

12 Islands Tour 39

Ağlasun 109
Akvaryum 39
Alanya 7, 8, 10, 19, 93, 96
Alara Han 91
Ally, Club 68
Alya, Club 87
Ambulanz 25
Anamur 103
Andriake-Strand 52
Anemourion 103
Anreise 17
Antalya 5, 6, 8, 10, 19, 60
Antalya Aquarium 61
Antalya-Museum 66
Antray 69
Antiocheia ad Cragum 105
Antiocheia ad Pisidiam 7, 109
Apollon-Tempel, Side 83
Apotheken 20
Arykanda 57
Ärzte 20
Aspendos 19, 75
Atatürk 13
Auditorium, Club 100
Aura, Club 56
Auto 27
Avsallar 8, 91

Baden 23
Badesaison 22
Bahn 26
Banken 22
BeachPark 61, 69
Behinderte 22
Belek 6, 70
Beşkonak 78
Beydağları-Gebirge 5, 6, 8, 54, 58
Beymelek-Lagune 53
Beyşehir 7, 110
Bier 17
Blaue Lagune 40
Blaue Reise 7, 24
Boğaz Plajı 89
Botschaft 25
Burdur 108
Bus 26
Butterfly Valley 39

Calış 35, 36
Camel Beach 39
Cleopatra Hamam 39
Clubbing 37, 40, 55, 68, 100
Çolaklı 87
Cold Water Bay 39

Dalyan 31, 33
Demre 51
Depark Aquapark 69
Derinkuyu 112
Dimçayı-Tal 101
Disco 37, 40, 55, 68, 100
Dolmuş 26
Düden Şelalesi 61

Eğirdir 7, 109
Einreise 18
Einwohner 10
Ekincik 32
Elmalı 7, 67
Enduro 24
Erdoğan 13

Feiertage 18
Festivals 19
Fethiye 6, 10, 35
Feuerwehr 25
Fisch 16
Flughafen Antalya 18
Flughafen Dalaman 18
Flugzeug 18, 26
Flüsse 10
Fuğla-Bucht 91

Gazipaşa 103, 105
Geld 19
Gemiler Island 40
Geschäfte 22
Geschichte 12
Gesundheit 20
Gobun Bay 39
Göcek 8, 30
Golf 24, 30, 71
Göreme 112
Göynük Canyon 58
Green Canyon 89

Hamoxia 93
Handys 26
Hotels 14

İncekum 23, 90
Inferno, Club 56
Informationsbüro 20
Internet 21, 26
Iotape 23, 105
İztuzu-Strand 31

Jandarma 25
Jet-Ski 23, 27, 81, 87

Kadriye 70
Kalkan 6, 8, 44
Kamelreiten 21
Kappadokien 112
Kaputaş Beach 29, 44, 47
Karain-Höhle 12
Kaş 6, 46
Kastelorizo 50
Katrancı 35
Kaunos 32
Kayaköy 40
Kaymaklı 112
Kekova 50
Kelebekler Vadısı 39
Kemer 6, 19, 54
Kilikien 6, 104
Kinder 21
Kızılada 39
Klima 22
Konaklı 91, 100
Konya 111
Konyaaltı 61
Köprülü Çay 75
Köprülü-Kanyon-Nationalpark 78
Köyceğiz 31, 32, 33
Krankenhäuser 20
Küche 16
Kumköy 81, 87
Kundu 6, 61
Kurban Bayramı 19
Kurşunlu Şelalesi 74

Lara 6, 61
Letoon 43
Limyra 57, 67
Livissi 40
Lokanta 16
Lykien 6
Lykischer Weg 7, 25, 45, 69
Lyrbe 89

Register

Mahmutlar 98
Mamure Kalesi 103
Manavgat 8, 88
Mietwagen 27
Migros 68, 69, 86, 99
Mokka 17
Mountainbiking 24, 56, 100
Museen 22
Myra 51

Naturparks 8
Notfall 25

Obaköy 100
Öffnungszeiten 22
Okurcalar 91
Ölüdeniz 6, 23, 40
Olympos 23, 57
Olympos Teleferik 59
Ortaca 30
Osmanen 12, 62, 97, 103
Oxyd Disco 86
Oymapınar Barajı 89

Paintball 24
Pamphylien 5
Pamukkale 110
Paragliding 24, 40
Parasailing 23
Patara 23, 43
Pedalos 23
Pensionen 14
Perge 9, 67, 72
Phaselis 56
Pinara 42
Polizei 25
Postämter 22

Rafting 24, 37, 79, 100
Rakı 17
Ramadan 19
Rauchen 22
Raues Kilikien 104
RedRoom, Club 55
Reisezeit 22
Reiten 24
Religion 10
Reservieren 15
Restaurant 22
Rhodiapolis 57

Sagalassos 7, 108
Saklıkent 42
Sapadere Canyon 102
Sarıgerme 6, 8, 30
Schlammbäder 32
Şeker Bayramı 19
Seki Beach 106
Seldschuken 12, 62, 67, 75, 91, 93, 94, 96, 111
Seleucia 89
Selge 78
Selinus 105
Serik 71
Side 6, 10, 23, 67, 80
Sidyma 42
Silifke 8
Sillyon 71
Simena 50
Sincan Adası 68
Sinek Kale 92
Sonnenschutz 21
Sorgun 87
Souvenirs 10
Şövalye 35
Spaßbäder 21, 61, 92, 100
Sport 23
St. Paul Trail 7, 69, 110
Strände 23
Syedra 104

Tahtalı Dağı 59
Tankstellen 27
Tauchen 25, 46, 48, 50, 56, 86, 92, 100
Taxi 26
Telefonieren 26
Termessos 69
Tersane Adası 39
Titreyengöl 81, 87
Tlos 41
Trekking 25
Triathlon 25

Üçağiz 50
Uçhisar 112
Ulaş-Strand, Alanya 98
Ulupinar 57
Unfall 27
Ürgüp 112

Verkehr 27

Waldschutz 10
Wandern 25
Water Planet Aqua Park 92
Wein 17

Xanthos 42

Yakapark 43
Yanartaş 57
Yassıca Adası 39
Yeşilköy 91
Yivli Minare 5, 62

Zeit 10
Zoll 18
Zypern-Fähre 103

Das Klima im Blick — atmosfair

Reisen bereichert und verbindet Menschen und Kulturen. Wer reist, erzeugt auch CO_2. Der Flugverkehr trägt mit bis zu 10 % zur globalen Erwärmung bei. Wer das Klima schützen will, sollte sich für eine schonendere Reiseform entscheiden oder die Projekte von *atmosfair* unterstützen. Flugpassagiere spenden einen kilometerabhängigen Beitrag für die von ihnen verursachten Emissionen und finanzieren damit Projekte in Entwicklungsländern, die dort den Ausstoß von Klimagasen verringern helfen *(www.atmosfair.de)*. Auch der DuMont Reiseverlag fliegt mit *atmosfair!*

Autor | Abbildungsnachweis | Impressum

Unterwegs mit Hans E. Latzke

Der Reisejournalist Hans E. Latzke hat sich spezialisiert auf den östlichen Mittelmeerraum und die verschiedenen Regionen des alten osmanischen Reiches. Über die Türkei schreibt er seit fast 20 Jahren und hat dort viele Freunde gewonnen. Bei zahlreichen Besuchen lernt er die gesamte Mittelmeerküste zwischen Çanakkale und Antakya immer wieder intensiv kennen und ist stets fasziniert von der Herzlichkeit der Menschen in der Türkei. Besonders fasziniert ihn Antalya mit seiner historischen Altstadt, den vielen romantischen Restaurants und schicken Disco-Bars.

Abbildungsnachweis
Huber Images, Garmisch-Partenkirchen: S. 17, 107 (Schmid)
LAIF, Köln: Umschlagklappe vorn (Amme); S. 109 (Aurora/Pannecoucke); 7 (Celentano); 78, 112/113 (Harscher); 28/29, 31 (hemis.fr/Body); 41 (Knop); Titelbild (Liebsch); 70 (Schliack); 88, 96 (Standl); 34, 38, 48/49 (Türemiş)
Hans E. Latzke, Bielefeld: S. 13, 59, 60, 62, 111, 120
LOOK, München: S. 15, 44 (Pompe); 66 (Saga/Forget)
Mauritius Images, Mittenwald: S. 82 (AGE); 56 (Author's Image); 51, 75 (CuboImages); 4/5 (Harding); 101 (Hauser); 80 (Hubatka); 73, 90, 104 (Kreder); 92/93 (Mehlig); 9, Umschlagrückseite (Truffy); 72 (Vidler); 98 (World Pictures)

Kartografie
DuMont Reisekartografie, Fürstenfeldbruck
© DuMont Reiseverlag, Ostfildern

Umschlagfotos
Titelbild: Fischerboote im Hafen von Antalya
Klappe vorn: Orientalische Gewürze in der Altstadt von Fethiye

Hinweis: Autor und Verlag haben alle Informationen mit größtmöglicher Sorgfalt geprüft. Gleichwohl sind Fehler nicht vollständig auszuschließen. Alle Angaben erfolgen ohne Gewähr. Bitte, schreiben Sie uns! Über Ihre Rückmeldung zum Buch und Verbesserungsvorschläge freuen sich Autor und Verlag:
DuMont Reiseverlag, Postfach 3151, 73751 Ostfildern,
info@dumontreise.de, www.dumontreise.de

3., aktualisierte Auflage 2016
© DuMont Reiseverlag, Ostfildern
Alle Rechte vorbehalten
Grafisches Konzept: Groschwitz/Blachnierek, Hamburg
Printed in China